図解 Transfer Pricing Taxation
移転価格税制のしくみ
日本の実務と主要9か国の概要

朝日税理士法人［編］

中央経済社

はじめに

　本書の特徴は移転価格税制について，日本の制度説明を中心にしながら，日本企業が多く進出しているアメリカ・ドイツ・中国・韓国・インドネシア・タイ・フィリピン・ベトナム・マレーシアの9か国の制度についても解説しているところにあります。

　日本企業が海外と取引や進出を行う場合，検討すべき重要なポイントの1つが税金です。税金が問題となるのは，それが多額のキャッシュアウトや最終利益に直結するためです。

　移転価格は税制の1項目であり，海外の子会社など（国外関連者）との取引を行う結果，独立した企業間で通常設定される取引価格（独立企業間価格）で行う取引より利益が減少する場合に，その取引を独立企業間価格で行われたものとみなして当該企業の所得を計算・課税する制度です。

　特に移転価格税制によって課税関係が発生する場合，グループ内に国をまたがった二重課税が発生したり，その影響額が多額になる可能性が高く，さらに税務調査で指摘を受けた場合は数年間遡って所得額を修正することが多いので注意が必要です。

　日本の移転価格税制は約30年間の歴史があり，決して目新しい制度ではありません。その移転価格税制が最近注目されているのは，平成28年度の税制改正によって，移転価格税制の文書化制度が整備されたことによります。

　詳しい内容については本文に譲りますが，この改正によって，取引規模の大きい多国籍企業グループには複数文書の作成が義務付けられると

ともに，国外関連者との取引が一定以上の会社については，法人税の確定申告書提出期限までに移転価格文書を作成する義務が明記されました（同時文書化制度）。

移転価格税制は一部の大企業の問題であって，実質的にあまり関係がないと考えてらっしゃる方も多いと思います。しかしこの税制改正などによって，国外関連者と取引のある多くの企業にとって移転価格税制は他人事ではなくなりました。

この改正で特に気をつけたいのは，それが日本でのみ行われたものではなく，OECD/G20のBEPSプロジェクトの勧告によってなされたという点です。このため日本だけではなく，他の多くの国でも似た（必ずしも同じ内容ではなく，それぞれの国によって特徴があります）移転価格税制が導入されています。さらに各国の税務当局は大規模の多国籍企業に関する情報を交換することになりました（国別報告書。日本では連結グループ収入が1,000億円以上の多国籍グループが作成対象）。

これらのことは，国外関連者との取引が日本だけではなく，海外相手国の側でも移転価格税制の対象になりやすいということであり，移転価格に関する説明文書は，例えば日本もしくは文書を提出する国のことだけを考えるのではなく，グローバルな視点で考えなくてはならないということを意味しています。

繰り返しになりますが，今や移転価格税制は多くの影響を海外展開する企業グループに与える可能性があり，すでに身近な問題です。本書が皆さんの国外関連者との取引，海外進出のお役に立てることを，執筆者一同，心から願っております。

2017年6月

執筆者一同

●CONTENTS●

第1章　日本企業における移転価格対策

1. 移転価格税制の意義・2
2. 世界をめぐる税の潮流・4
3. 変化し続けるわが国の移転価格税制・6
4. 移転価格税制の基本的しくみ・8
5. 移転価格税制の重要性・10
6. 移転価格税制におけるリスク対応・12
7. 移転価格ポリシーの必要性・14
8. 移転価格税制に対応するための社内体制・16
9. 移転価格税制と業績管理・18
10. 移転価格税制の税務調査・20
11. 移転価格税制と国外関連者寄附金課税の関係・22
12. 移転価格税制とタックスヘイブン対策税制との関係・24
13. 移転価格税制と関税との関係・26

コラム　価格調整金と寄附金について・28

第2章　日本の移転価格税制の概要

14. 適用対象者と適用対象取引・30
15. 国外関連者の範囲・32
16. 国外関連取引の範囲・34
17. みなし国外関連取引・36
18. 独立企業間価格・38
19. 棚卸資産の売買取引における独立企業間価格の算定方法・40
20. 棚卸資産の売買取引以外における独立企業間価格の算定方法・42

21　推定課税・44
22　比較対象企業への質問検査権（同業者調査）・46
23　相互協議と対応的調整・48
24　相互協議と延滞税および還付加算金・50
25　事前確認制度の概要①・52
26　事前確認制度の概要②・54
27　移転価格税制と法人税申告書・56
28　移転価格調査・58
29　国外関連者が保存する資料の提出義務・60
30　移転価格税制における更正等の期間の制限・62
31　移転価格税制における納税の猶予制度・64
32　移転価格税制における還付加算金・66
コラム　無形資産の独立企業間価格はDCF法が採用される？・68

第3章　移転価格文書化の実務

33　移転価格文書化の目的・70
34　移転価格文書化の効果・72
35　税務調査と移転価格文書化・74
36　移転価格文書化と事前確認制度の関係・76
37　日本の移転価格文書化制度・78
38　多国籍企業グループが作成する文書・80
39　国外関連取引を行った法人が作成する文書・82
40　移転価格文書化の具体的内容―事実分析・84
41　移転価格文書化の具体的内容―機能リスク分析・86
42　移転価格文書化の具体的内容―経済分析①・88
43　移転価格文書化の具体的内容―経済分析②・90
44　移転価格文書化とアップデート・92
45　外国子会社の文書化対応・94

|コラム| BEPSプロジェクトを踏まえて
移転価格文書化制度が進化・96

第4章　移転価格税制の発動事例と対応策

46　棚卸資産の売買取引・98
47　有形資産の貸借取引①・100
48　有形資産の貸借取引②・102
49　無形資産の使用許諾取引または譲渡取引①・104
50　無形資産の使用許諾取引または譲渡取引②・106
51　金銭の貸借取引・108
52　役務提供取引・110
53　費用分担契約（コストシェアリング契約）・112
|コラム| シークレットコンパラブルは適法？・114

第5章　外国の移転価格税制事情

54　アメリカの移転価格税制の概要・116
55　アメリカの移転価格税制の執行状況・118
56　アメリカのコーポレートインバージョン規制と
　　過少資本税制・120
57　ドイツの移転価格税制の概要・122
58　ドイツの移転価格税制の執行状況・124
59　ドイツ駐在員のコスト負担をめぐる問題・126
60　中国の移転価格税制の概要・128
61　中国の移転価格税制の執行状況・130
62　韓国の移転価格税制の概要・132
63　韓国の移転価格文書化制度・134
64　韓国における資金取引に対する正常利子率のみなし規定・136
65　インドネシアの移転価格税制の概要・138
66　インドネシアの移転価格税制の執行状況・140

67 タイの移転価格税制の概要・142
68 タイの移転価格税制の執行状況・144
69 タイの法人税申告書・146
70 フィリピンの移転価格税制の概要・148
71 フィリピンの移転価格税制の執行状況・150
72 フィリピンの政権交代による税務行政の異同・152
73 ベトナムの移転価格税制の概要・154
74 ベトナムの移転価格税制の執行状況・156
75 ベトナムの移転価格に関する新指針・158
76 マレーシアの移転価格税制の概要・160
77 マレーシアの移転価格税制の執行状況・162
78 マレーシアでの制度対応・164
 コラム 　中国国内の移動・166
 コラム 　インドネシア（ジャカルタ）州知事選・167

参考文献・168

凡　　例

本書の引用条文については，次の略称を使用しています。

略　　称	正式名称
法法	法人税法
法令	法人税法施行令
措法	租税特別措置法
措令	租税特別措置法施行令
措規	租税特別措置法施行規則
通則法	国税通則法
通則令	国税通則法施行令
法基通	法人税基本通達
措通	租税特別措置法関係通達
実施特例法	租税条約等の実施に伴う所得税法，法人税法及び地方税法の特例等に関する法律
実施特例令	租税条約等の実施に伴う所得税法，法人税法及び地方税法の特例等に関する法律施行令
実施特例省令	租税条約等の実施に伴う所得税法，法人税法及び地方税法の特例等に関する法律の施行に関する省令
移転価格事務運営要領	移転価格事務運営要領の制定について（事務運営指針）
OECDモデル条約	OECDモデル租税条約
OECDガイドライン	OECD多国籍企業及び税務当局のための移転価格ガイドライン

（引用の例示）
措法2①八……租税特別措置法第2条第1項第8号

（注）　本書は，平成29年4月1日現在の法令・通達によっています。ただし，平成29年4月1日現在，一部，未施行の法令の規定に基づくものが含まれています。

第1章

日本企業における移転価格対策

1 移転価格税制の意義
～企業のグローバル化とともに重要性を増す移転価格税制

● グローバル化する企業

　わたしたちの周りを見てみると，複数国にまたがって，世界的なレベルで事業を展開するいわゆる「多国籍企業」や，他国に製造拠点や販売拠点を有する日本企業は珍しくありません。少し前まで多国籍企業といえば，製造業がその代名詞でした。ただ現在ではIT産業やサービス産業など，多くの分野に多国籍企業が存在し，わたしたちの生活を支えています。また，日本国内の製造コストが高止まりして，さらに少子高齢化などによって多くの製品市場の中心が海外に移る中，日本企業が海外に進出することは当然のことといえます。

● 移転価格税制の必要性

　税制は国家によって決められており，税率は国ごとに異なります。もしある企業が，税率の異なる2つの国で営業している場合，企業はどのような行動をとるでしょうか。税金をコストだと考えている企業なら，トータルの税金を低く抑えようとする結果，両国間での取引価格（移転価格）を操作することなどによって，意識的に税率の低い国に利益を残そうとするかもしれません（税金＝利益×税率を前提とした場合）。

　国家の財政は，国の収入である税金によって成立しています。本来であれば「国家にもたらされるべき税金」が，前述の企業行動によって，結果として国外に流出してしまうと，国家の財政は破綻しかねません。

　このような，海外の関連企業との間の取引を通じた，所得の不公正な海外移転を防止するために，日本を含めた多くの国では移転価格税制が設けられています。移転価格税制とは，国内企業が海外の関連企業との取引を行う結果，独立した企業間で通常設定される取引価格（独立企業間価格）で行う取引より利益が減少する場合に，その取引を独立企業間価格で行われたものとみなして当該企業の所得を計算し，課税する制度をいいます。

Ａ：独立企業間価格での取引例

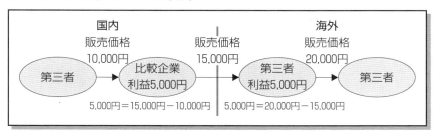

Ｂ：国外関連者との取引例

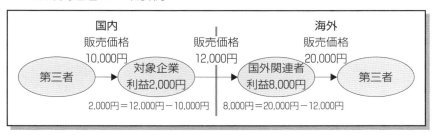

　上図Ｂの国外関連者との取引例では，Ａの独立企業間価格での取引例と比較して，日本の税務調査の対象となる「対象企業」の利益が「比較企業」の利益である5,000円から2,000円に減少しています。このような場合に日本では移転価格税制の対象となります。

　たとえ国外関連者との取引価格が独立企業間価格と異なっても，日本での所得が減少していなければ，日本での移転価格税制は適用されませんが，逆に相手国で所得が減少している場合は，相手国の移転価格税制が適用される可能性がありますので注意が必要です。

世界をめぐる税の潮流
～移転価格税制は「国際的な税の枠組み」の一環

　移転価格税制は日本のみならず，世界の多くの国で導入されている制度です。移転価格税制は日本では古くから導入されている制度でしたが，近年OECD租税委員会（議長は日本の浅川正嗣財務官。OECD加盟国のほかにG20のOECD非加盟国も参加）のBEPSプロジェクト（BEPS: Base Erosion and Profit Shifting，税源浸食と利益移転）において中心課題の1つとして議論されました。BEPSプロジェクトは平成27年9月に最終報告が取りまとめられて，G20サミットで報告されました。

● **BEPSプロジェクトの背景と目的**

　BEPSプロジェクトは，国際課税のルールを明確にするためのプロジェクトです。税制は国家によってそれぞれ定められており，税金によって国家の財政は賄われています。特にリーマンショック後，各国の財政状況は悪化しており，重い国民負担が求められるようになりました。その中で多国籍企業は，ローカルな税制の隙間や抜け穴を利用した節税対策を実行して，税負担を軽減しているという問題が顕在化しています。BEPSプロジェクトは国際課税のルールを明確にすることで，各国政府にとっては多大なコスト負担なしに多国籍企業の租税回避行為を防止し，個人にとっては税収不足による相対的負担増を解消し，国内企業にとっては相対的負担増の解消と多国籍企業との競争条件の不利を是正することなどを目的としています。

● **BEPSプロジェクトの影響**

　BEPS最終報告はOECD，G20参加国の意見をまとめて作成されましたが，各国に対して法的拘束力を持っているわけではありません。このため国ごとに定められる国際課税制度をどのように構築するかは，各国の判断に任されています。日本は積極的にBEPSの最終報告を受け入れる方針を明確にしており，例えば移転価格税制においては，最終報告への適応を図るための税制の改正が平成28年度に実施されています。

BEPSプロジェクトの具体的行動計画

行動計画1	電子経済の課税上の課題への対処
行動計画2	ハイブリッド・ミスマッチ取極めの効果の無効化（ハイブリッド・ミスマッチ＝金融商品や事業体に関する複数国間における税務上の取扱いの差異）
行動計画3	外国子会社合算税制の強化（軽課税国等に設立された外国子会社を使ったBEPSを有効に防止するため、適切な外国子会社合算税制を設計）
行動計画4	利子控除制限ルール（相対的に税負担の軽い国外関連会社に過大に支払われた利子について損金算入を制限するルールを検討）
行動計画5	有害税制への対抗（各国優遇税制の有害性を経済活動の実質性から判定するための新基準および制度の透明性を高めるための新基準を検討）
行動計画6	租税条約の濫用防止
行動計画7	恒久的施設（PE）認定の人為的回避の防止
行動計画8	移転価格税制（①適正な移転価格の算定が困難である無形資産を用いたBEPSへの対応策）
行動計画9	移転価格税制（②グループ内企業に対するリスクの移転、過度な資本の配分等によって生じるBEPSの防止策）
行動計画10	移転価格税制（③その他移転価格算定手法の明確化やBEPSへの対応策）
行動計画11	BEPSの規模・経済的効果の分析方法の策定（BEPSによる法人税収の逸失規模について、データの評価・指標の抽出・分析方法の策定を実施）
行動計画12	義務的開示制度（プロモーターおよび利用者が租税回避スキームを税務当局に報告する制度（義務的開示制度）を検討）
行動計画13	多国籍企業の企業情報の文書化（共通様式に基づいた多国籍企業情報の報告制度を検討）
行動計画14	相互協議の効果的実施（租税条約に関連する紛争を解決するためのより実効的な相互協議手続を検討）
行動計画15	多数国間協定の策定（世界で約3,000本以上ある二国間租税条約にBEPS対抗措置を効率的に反映させるための多数国間協定を検討）

(出典：国税庁HP（https://www.nta.go.jp/sonota/kokusai/beps/index.htm）を参考に作成)

3 変化し続けるわが国の移転価格税制
～日本における移転価格税制の歩み

　日本の移転価格税制は，多国籍企業の成長と発展，それに対処するための国際的，特にOECDなどの議論を踏まえて制定されてきた制度で，約30年の歴史があります。

● 日本の移転価格税制の歩み

　日本の移転価格税制は，昭和61年に世界的に活動する多国籍企業の「国際取引を通じた所得の国外移転」に対処する目的で導入されました。具体的には租税特別措置法66条の4に法人税法の特則「国外関連者との取引に係る課税の特例」として規定されました。その後，更正処分の可能期間の延長や，質問検査権の拡大など法律の権限の及ぶ範囲の拡大，取引単位営業利益法（TNMM）といった新たな移転価格算定方法の追加などの改正があり，平成28年にはOECDのBEPSプロジェクトの勧告を踏まえた文書化制度に関する改正がありました。日本の移転価格税制は，適用方針が明確になっていることが特徴の1つであり，「移転価格事務運営要領（事務運営指針）」が公表されているほか，「別冊　移転価格税制の適用に当たっての参考事例集」などが公表されています。

● 整備された移転価格文書化制度

　BEPSプロジェクトの勧告を受けて，平成28年度税制改正によって，移転価格文書化制度が新しく整備されました。これによって，直前会計年度の連結総収入金額1,000億円以上の多国籍企業の構成会社等である内国法人等は，最終親会社等届出事項，CbCレポート（国別報告事項），マスターファイル（事業概況報告事項）を国税当局に提供することとなりました。さらに，国外関連取引を行った会社はローカルファイル（独立企業間価格を算定するために必要と認められる書類）を，税務調査の際に税務調査官が指定する60日または45日以内の日までに提出することになりました（取引金額の大きい会社は法人税確定申告書と同時に作成・保存義務あり）。

移転価格税制に関する税務当局の基本方針（移転価格事務運営要領1－2）

> 　移転価格税制に係る事務については，この税制が独立企業原則に基づいていることに配意し，適正に行っていく必要がある。このため，次に掲げる基本方針に従って当該事務を運営する。
>
> (1) 法人の国外関連取引に付された価格が非関連者間取引において通常付された価格となっているかどうかを十分に検討し，問題があると認められる国外関連取引を把握した場合には，市場の状況及び業界情報等の幅広い事実の把握に努め，独立企業間価格の算定方法・比較対象取引の選定や差異調整等について的確な調査を実施する。
>
> (2) 独立企業間価格の算定方法等に関し，法人の申出を受け，また，当該申出に係る相互協議の合意がある場合にはその内容を踏まえ，事前確認を行うことにより，当該法人の予測可能性を確保し，移転価格税制の適正・円滑な執行を図る。
>
> (3) 移転価格税制に基づく課税により生じた国際的な二重課税の解決には，移転価格に関する各国税務当局による共通の認識が重要であることから，調査又は事前確認審査に当たっては，必要に応じOECD移転価格ガイドラインを参考にし，適切な執行に努める。

移転価格税制の基本的しくみ
～移転価格税制の範囲

　移転価格税制は，海外の関連企業（国外関連者）との間の取引を通じた，所得の不公正な海外移転を防止するため設けられた税制です。日本の国内企業が国外関連者との取引（国外関連取引）を行う結果，独立した企業間で通常設定される取引価格（独立企業間価格）で行ったときと比較して利益が減少する場合に，その取引を独立企業間価格で行われたものとみなして所得を計算し，課税する制度をいいます。

● 適用対象者と国外関連者

　移転価格税制の適用対象者は国内の法人のみで，個人には適用されません。また，国外関連者とは，外国法人のうち適用対象者と右図の「特殊の関係」を持つ法人をいいます（措令39の12①）。

● 適用対象取引とは

　日本の国内企業が国外関連者との間で行う，資産の販売・購入，役務の提供その他の取引をいいます。また，第三者を介在させていても，実質的に国外関連者と行われる金銭の貸付け，保険，信用の保証といった役務提供取引等はこれに含まれるので注意が必要です（措令39の12⑨）。

　なお，対価性のない取引は移転価格税制の適用対象となりませんが，その取引が寄附金に該当する場合は，国外関連者に対する寄附金として，その金額の「全額」が損金不算入として扱われます（措法66の4③）ので，これについても注意が必要です。

● 独立企業間価格

　独立企業間価格とは，棚卸資産の販売・購入，役務提供，消費貸借取引といった国外関連取引の内容，国外関連取引の当事者が果たす機能，その他の事情を総合的に勘案して，最も適切な方法により算定した価格をいいます。具体的には，基本三法と呼ばれる独立価格比準法（CUP法），再販売価格基準法（RP法），原価基準法（CP法）のほか，複数の価格算定方法があります。

特殊の関係

- 2つの法人（外国法人と内国法人）間で，一方の法人が他方の法人の発行済株式等の50％以上を直接または間接に所有している「親子関係」

- 2つの法人が，同一の者によって，それぞれの発行済株式等を50％以上直接または間接に所有されている「兄弟姉妹関係」

- 2つの法人が特定事実（2分の1以上の役員・代表役員の兼務（相手の従業員を含む），相当部分の取引の依存，相当部分の資金の依存）によって実質的に支配されている「実質支配関係」

- 親子関係・兄弟姉妹関係と実質支配関係が連鎖することで，一方が他方の法人の営業方針の全部または一部を実質的に決定できる関係

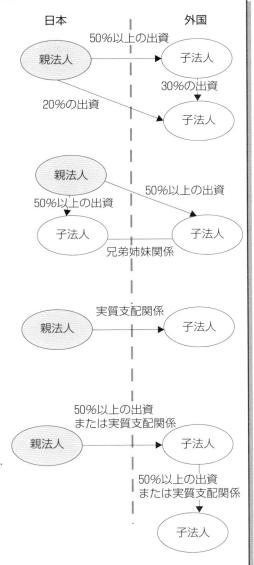

5 移転価格税制の重要性
~利益とコンプライアンスに直結する移転価格

● 利益に直結する移転価格

　移転価格税制は，日本の国内企業が国外関連取引を行う場合に，「実際の取引価格」が，「独立企業間価格」と同一であれば適用されませんが，双方の価格が異なり，「独立企業間価格」を用いた場合と比較して，日本での所得が減少する場合はその適用対象となります。

　移転価格税制が適用される場合，自主的にその所得を計算して税金を支払う必要がありますが，それを行わずに税務調査で指摘があった場合は，通常の税額のほかに加算税等が課されます。このどちらのケースの場合でも（「実際の取引価格」≠「独立企業間価格」），グループ全体で見た場合に，二重課税が発生する可能性がありますので注意が必要です（相互協議によって二重課税を回避する道もありますが，特に新興国ではそれに応じないケースも多いのが実情です）。また，税務調査で所得計上漏れが指摘された多くの場合，遡りの期間を含めた税額は多額になります。税金は利益に直接的に影響を与えるため，マネジメント層は移転価格税制を正しく理解するとともに，必要に応じて文書化を行うといった対処をする必要があります。

● 移転価格の特徴

　移転価格税制にはほかにも以下のような特徴があります。

① しくみや文書化義務は複雑な制度であるが，これを怠るとコンプライアンス上の問題があること

② 国外関連取引が多岐にわたる場合，移転価格税制の適用範囲を認識するためにはグループの全体理解が必要であること

③ 国外関連取引は日本で移転価格の対象とならなくても相手国で問題になることがあり，グローバルで同一の移転価格ポリシーに則って説明する必要があること

A：二重課税が発生しない例

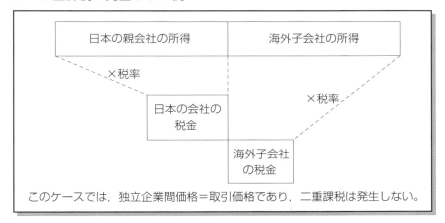

このケースでは，独立企業間価格＝取引価格であり，二重課税は発生しない。

B：二重課税が発生する例

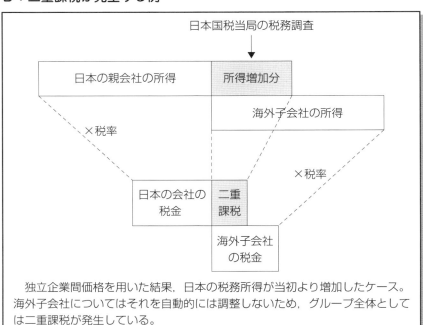

独立企業間価格を用いた結果，日本の税務所得が当初より増加したケース。海外子会社についてはそれを自動的には調整しないため，グループ全体としては二重課税が発生している。

6 移転価格税制におけるリスク対応
～企業は移転価格税制におけるリスクをどう回避すればよいか

● 移転価格税制におけるリスクとは

　移転価格税制における企業の一番大きなリスクは，存在する国の課税当局から申告漏れを指摘されて，過去に遡った多額の税負担が発生し，それがグループ損益に影響を与えることです。また，移転価格に関する文書化作成の義務を怠ったり，同一取引について国ごとに異なる説明をすることでコンプライアンス上の問題に発展することも，企業にとってのリスクです。多くの企業では移転価格税制についての知識不足，現状の認識不足などから，そのリスクに対処できていないのが現状です。

● 移転価格税制におけるリスクを回避するために重要な事項

　移転価格に関するリスクを回避するためには，以下が重要です。

- 日本および国外関連取引相手国の移転価格税制を正しく理解する

　移転価格税制は日本だけでなく，世界各国で導入されている税制です。例えば日本側に多くの利益が計上されていて，日本でのリスクが乏しい場合は，逆に相手国でのリスクが高まることに注意が必要です。

- 国外関連者との取引状況・損益状況を把握する

　企業グループが成長している局面では，国外関連者との取引内容・条件・取引量といった状況や，当該取引に係る価格・コストといった損益状況は変化するのが一般的です。移転価格税制に関するリスクに対処するためには，これらを継続的にモニタリングして，変化があった場合は，移転価格税制に係る所管部署に適時に報告する体制が必要になります。

- 移転価格税制に関するリスクの当てはめを自社で行って，文書化作成の必要性の有無を検討し，必要に応じてそれを作成する

　移転価格税制でそのリスクを減少させる最も有効な手段は，税務当局に対して説得力のある移転価格文書を作成することに尽きます。適切に移転価格税制に関するリスクを判断し，法令に準拠して，また必要に応じて移転価格に関する文書を作成する必要があります。

日本企業の移転価格税制に関するリスク（海外におけるリスクを除く）

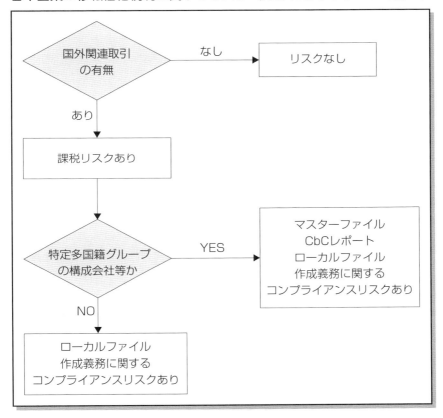

7 移転価格ポリシーの必要性
～移転価格税制に対応するための中核となる移転価格ポリシー

● 移転価格ポリシーの意味

　国外関連取引は国際間の取引ですから，移転価格税制の適用は2か国以上で問題となります。日本と外国の間で取引がある場合，外国の側のみで現地当局に提出するための文書化等を行っていて，日本側にはそれが知らされていなかったという例をときどき見かけますが，国外関連取引は国際間で行うものなので，同種取引の価格決定および各国当局への説明は，グループとして共通した内容でなされるべきです。この取引価格決定に係るグループの基本方針を，移転価格ポリシーといいます。

　移転価格ポリシーとは，国外関連取引における移転価格の算定方法，利益水準指標など移転価格決定に関するグループ内の基本方針をいい，マスターファイルを作成する場合はそこに記載されます。

　国税庁が作成している移転価格チェックシートでも，移転価格ポリシーは企業が移転価格に適切に対処するために必要な項目であるとされており，移転価格の検討をする際に，まず決定すべき事項の1つです。

● 移転価格ポリシーの作成，運用，見直し

　国外関連取引で移転価格を決定する際，移転価格ポリシーは価格決定の基礎となります。このためトップマネジメントがその重要性と内容を理解したうえで，作成はグループの中核となる会社が行う必要があります。また，その内容は管理部門だけでなく，関連事業部・企画・営業・購買・知的財産などの部門や関連法人等まで情報共有を図って，グループ全体にそれを遵守させることが必要です。このためには，社内セミナーなどの告知行為と価格決定に関するモニタリング体制は必須です。

　また，移転価格ポリシーが見直されず，取引実態と離れたところに設定されていると，それが有効に働かず，むしろ弊害となる可能性もあります。定期的に実態との乖離がないかどうかについての見直しが行われる必要があります。

移転価格ポリシーの作成・設定プロセス

グループ内の国外関連取引の把握と類似取引の類型化
- 棚卸資産売買取引
- 役務提供取引
- 金銭貸借取引
- 無形資産の使用許諾,売買取引
- その他取引

取引主体の機能,リスク分析

現状における移転価格算定方法等の確認

各種国外関連取引を法令,通達等,OECDガイドラインなどに当てはめて検討

移転価格ポリシーの決定(取引種類別の移転価格算定方法,利益水準指標など)

移転価格ポリシー運用規程の整備(取引単位など具体的な移転価格算定・運用方法,改定,所管部署等)

8 移転価格税制に対応するための社内体制
～一般の税務対応ではすまない移転価格税制

● 移転価格税制の所管部署

　移転価格税制に適切に対応するためには，「移転価格税制の所管部署」を明確にして，当該部署がグループ全体の国外関連取引を正確に把握し，個別取引における実際の取引価格と独立企業間価格との乖離などのリスクについて正確に認識したうえで，必要に応じて対処する必要があります。また，価格決定の前提となる移転価格ポリシーなどを作成し，グループ全体に（場合によっては多国言語によって）周知徹底し，さらに適時にその見直しを図る必要があります。

　移転価格税制は法人税制の一部であり，一般的には税務部門がそれを管轄すべきです。ただ多くの会社では，経理・税務部門は営業結果としての財務数値の取りまとめには慣れているものの，取引の事前対応や社内調整には必ずしも慣れていないことが多いようです。また，限られた人員で経理・税務業務をこなしている会社も多く，このような会社では移転価格税制には到底対応できないというのが本音ではないでしょうか。

● その他の社内体制の整備とトップマネジメントの関与

　移転価格税制に対応するためには，上記の所管部署の体制整備のほかに，移転価格に関する社内規定・移転価格ポリシーといったルールの整備運用，関係会社を含めた内部統制への組込み，移転価格税制の所管部署・関連部門・関係会社間の密接な情報共有，国外関連者との契約の整備，関係会社の業績管理基準との整合性など，グループ内横断的な幅広い社内体制の整備運用が必要となります。これだけのことは，所管部署が単独でなしえることではありません。

　日本の本社に限らず，グループ全体の移転価格税制にグローバルに対応するためには，トップマネジメントが率先して，それを実質的に行うことのできる組織を構築し，そこに必要な権限を与えるなど，その積極的な関与が欠かせません。

所管部署が機能するためのチェックリスト

- □ トップマネジメントが移転価格税制の重要性を正しく認識しているか。
- □ トップマネジメントは移転価格ポリシーなどのルールを規定化するとともに，内部統制にそれを組み込んでいるか。
- □ トップマネジメントは移転価格の所管部署を明確にして，全グループに対して，移転価格税制の所管部署に必要な情報を適時に提供・協力するように働きかけているか。
- □ 移転価格の所管部署はグループの移転価格を検討するために必要な権限と，それを実質的に行うことのできる組織となっているか。
- □ 移転価格に関する問題があった場合，移転価格の所管部署はただちにトップマネジメントに報告する体制ができているか。
- □ 移転価格の所管部署は，移転価格に関するルールをグループ内に周知徹底しているか。
- □ 移転価格の所管部署は，継続的なモニタリングを通じて，リスクに関する検討と必要に応じた対処を行っているか。
- □ 移転価格の所管部署は，移転価格に関する規定，内部統制，ルールを必要に応じて改定しているか。
- □ 移転価格に関する事前，事後の相談が容易にできるように，グループ内の情報の流れがよくなっているか。
- □ 移転価格の所管部署以外では，移転価格に関する規定・ルール等を正しく認識して，それを遵守しているか。

9 移転価格税制と業績管理
～グループの業績管理の基準と移転価格税制の考え方が異なる場合

● 業績管理の目的から決定される価格とは

　企業グループはグループの利益を最大化するために，グループ内の個別企業の業績管理を行うのが一般的です。その基準はグループによってそれぞれ異なりますが，例えば売上高，利益，営業キャッシュ・フロー，戦略達成への貢献度，グループ内部への効率的な資源配分などといった基準が用いられます。個別企業に海外グループ会社（国外関連者）との損益取引が存在する場合，取引価格（移転価格）によって当該企業の業績は変化します。個別企業のモチベーションを向上させるため，グループ内の取引価格を政策的な価格に決定する例が見受けられます。

　一方で移転価格税制では，海外取引の価格は「独立企業間価格」であることが求められます。業績管理の目的から決定される取引価格と独立企業間価格が異なる場合，その調整が問題となります。

● 2つの価格が異なる場合の対処方法

　業績管理目的から決定される価格を取引価格として利用する場合，その価格が「独立企業間価格」として認められるかどうかを，まずは検討する必要があります。そしてそれらが異なる場合，企業グループが業績評価の基準を変えて従前の取引価格を「独立企業間価格」に変更するのか（価格調整金を含む），もしくは独自の取引価格を用いたまま，移転価格税制は税務調整によって対応する（税務計算上での対応）という2つの手法が考えられます。ここで「独立企業間価格」は必ずしも1つの方法により求められる単一の価格ではありません。現行の取引価格が「独立企業間価格」として認められないか，また認められないと判断して変更する場合でも，どこまで変更すればそれとして認められるのかは，取引の状況に照らして綿密に検討する必要があります。さらに「独立企業間価格」でない独自の取引価格を用いる場合は，二重課税が発生するリスクがありますので，それについての検討が必要となります。

移転価格税制と業績管理

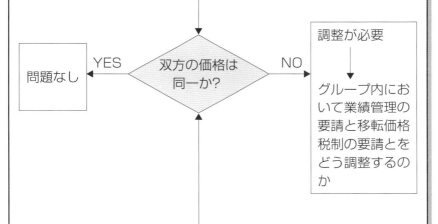

10 移転価格税制の税務調査
〜移転価格文書の説得力がカギ

● 増加する移転価格調査

　ここ数年間，右図Aにあるように移転価格に関する調査件数（同図では税務調査による非違件数）は増加するとともに，そこで指摘される申告漏れの平均所得金額は減少しています。これは近年になって，移転価格調査が大規模な国外関連取引のみならず，比較的小規模な取引も対象にし始めたことの表れと見ることができます。さらに国税庁の予算要求では，企業の国際化などに対応するために，国際税務専門官などの増員要求が数年にわたってされており，移転価格に限らず国際関係に関する調査が今後も増加することが予想されます。

● 移転価格の調査

　移転価格の調査は，本格的なものであれば1〜2年間の調査対応，そして課税が決定されて相互協議を行う場合はさらに同様の期間を要する大変な調査です。

　移転価格の調査は，一般の法人税調査とともに行われるのが原則で，まずは移転価格に関する資料要求が行われることから始まります。これは国税庁の「移転価格事務運営要領」にも「国外関連取引の検討は，確定申告書及び調査等により収集した書類等を基に行う」と明記されており（移転価格事務運営要領3-2），具体的な書類等としては右図Bのとおりです。

　平成28年度税制改正によって，移転価格文書化制度が新しく整備された結果，移転価格に関する説明資料は義務化もしくは税務調査で求められた場合，作成提出が求められ，その提出がされない場合は当局が推定課税，同業者調査を行うことができるようになりました。当局に対して税務調査で了承を得られるような説得力のある移転価格文書をあらかじめ作成できるかどうかが，今後の移転価格調査における一番のポイントです。

A：移転価格税制に係る実地調査の状況

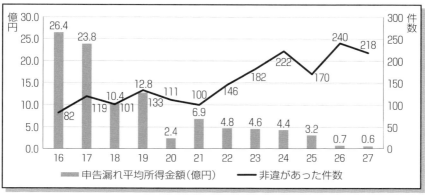

B：移転価格調査の際に提出する書類等（移転価格事務運営要領3－4）

- 法人税申告書別表17(4)の「国外関連者に関する明細書」
- 法人および国外関連者ごとの資本関係および事業内容を記載した書類
- 納税者が行う国外関連取引の内容を記載した書類（措規22の10①一）
- 納税者が使用した独立企業間価格を算定するための書類（措規22の10①二）
- その他の書類
  - イ　法人および国外関連者の経理処理基準の詳細を記載した書類
  - ロ　外国税務当局による国外関連者に対する移転価格に係る調査の内容を記載した書類
  - ハ　国外関連者が，ローカルファイルに相当する書類を作成している場合（法人が当該国外関連者との取引に係るローカルファイルに相当する書類に記載された事項についてローカルファイルを作成している場合を除く）の当該書類
  - ニ　その他必要と認められる書類

（注）　必要に応じて，事業概況報告事項および国別報告事項を参照する。

11 移転価格税制と国外関連者寄附金課税の関係
～基本的には有償・無償の違いで適用関係が異なる

　移転価格税制と寄附金税制は本来別の制度ですが、近年は一般の法人税調査においても、海外グループ取引について、国外関連者寄附金が指摘される例が増えてきており、注意が必要です。

● **寄附金とは**

　法人税法では、内国法人が、他方に金銭その他の資産または経済的な利益の贈与または無償の供与をした場合、寄附金に該当するとされています（法法37）。

　例えば関連会社や取引先に対して、倉庫を無料または低い価額で賃貸した場合の収受すべき賃料との差額が寄附金に該当し、その関連会社や取引先との関係によって法人税の取扱いが変わってきます。

① 　国内の会社で出資100％の関係ではない場合は、その金額のうち、一定の金額が法人税の計算上損金（経費）として認められます。

② 　国内の会社で出資100％の関係である場合、法人税の計算上、親会社ではその金額の全額が損金として認められませんが、子会社では全額が益金（利益）から除かれます。

③ 　子会社が国外関連者（親会社または子会社が外国法人で、出資50％以上の関係など）の場合、全額が法人税の計算上損金として認められません（措法66の4③）。

● **移転価格税制と国外関連者寄附金について**

　移転価格税制は、国外関連者間取引の価格が関係のない会社の取引価格（独立企業間価格）から外れている場合に、その価格が独立企業間価格で行ったものとして課税されます。上述の寄附金と考え合わせると、基本的には、価格があるもの（有償取引）の場合には移転価格税制が適用され、無償取引には、国外関連者寄附金が適用されます。

　海外のグループ間取引について、税務調査等で移転価格税制が適用されるか、国外関連者寄附金が適用されるかは、事実関係によりまず当事

移転価格税制，寄附金，国外関連者寄附金の違い

	移転価格税制 （措法66の4）	寄附金 （法法37）	国外関連者寄附金 （措法66の4③）
対象者	国外関連者のある法人	すべて	国外関連者のある法人
対象取引	国外関連者間の有償取引	すべての取引のうち，金銭や経済的利益の贈与等に該当する取引	左記（寄附金）のうち，国外関連者間の無償部分と認められる取引＊
加算対象金額	独立企業間価格との差額	損金算入できる金額以外（出資100％関係は全額）	全額
重加算税	対象外（通常）	対象（仮装・隠ぺいと認められた金額）	対象（通常）
事前協議，相互協議の申立て	可	対象外	不可（明確な規定なし）

＊ 有償取引の場合でも，実質的に資産の贈与または経済的な利益の無償の供与をしたと認められる取引については，国外関連者寄附金に認定される場合もあります（移転価格事務運営要領3－19）。

者の意図が重視されるかどうかの問題があり，本来は対価を必要とする取引に当事者の無償の意図があれば，国外関連者寄附金が適用されるものと考えられます。意図が問題とされず，取引の価格が適正かどうかが問題とされるケースでは移転価格税制が適用されると考えられます。

12 移転価格税制とタックスヘイブン対策税制との関係
～軽課税国の利用で同時に問題となることも

　タックスヘイブンと聞くと，「脱税」「ペーパーカンパニー」などのイメージを持つ方もいると思いますが，実際には世界の貿易取引でタックスヘイブンを経由する取引は珍しくありません。しかし，タックスヘイブンを利用した租税回避行為が国際化の進展に伴って顕在化しているのも事実で，その対策としてタックスヘイブン対策税制があります。

　タックスヘイブン対策税制も移転価格税制も海外のグループ会社との取引において発生する問題としては共通しており，ケースによっては両者の税制が同時に問題となることもあります。

● タックスヘイブン対策税制とは

　タックスヘイブンとは，無税または税負担割合が極めて低い国または地域をいいます。自国内の有力な産業がなく，金融は発達している国が誘致のために税制優遇している国や地域が一般的です。そのような国や地域で子会社等を作り，所得（利益）を移転している場合に，その所得を日本の所得に合算して法人税の計算をするという内容です。

● タックスヘイブン対策税制の対象者と対象金額

① 対象外国法人となる特定外国子会社とは

　日本の法人または日本居住者等が50％超を出資している外国法人で，その国で課される税負担が，日本で課される税負担に比べて著しく低いものです。しかし，基本的には事業実体がある場合等には適用対象外のため，原則としてペーパーカンパニーのような会社が対象です。

② 所得の合算対象者（対象株主）

　特定外国子会社に対して10％以上を出資している法人または居住者等となっており，筆頭株主だけではありません。

③ 合算対象金額

　特定外国子会社の所得に一定の調整を行い，その金額のうち，出資割合に対応する金額が対象です。

A：代表的なタックスヘイブン

地域	国または地域
ヨーロッパ	モナコ，ガーンジー，リヒテンシュタイン，ジャージー
アジア	マカオ，香港，シンガポール，ブルネイ，ラブアン
カリブ海付近	ケイマン諸島，パナマ，バミューダ，バハマ 英国領ヴァージン諸島
中近東	オマーン，バーレーン
アフリカ	リベリア，モーリシャス
太平洋	サモア，クック諸島，トンガ

B：移転価格税制とタックスヘイブン対策税制の比較

	移転価格税制	タックスヘイブン対策税制	両者の違い
対象者	国外関連者のある法人	内国法人または居住者等が50％超を出資している外国法人に対して10％以上出資している内国法人または居住者など（適用除外あり）	タックスヘイブン対策税制は個人にも適用される
加算される金額	独立企業間価格との差額	外国法人の所得の出資割合分など	
相互協議の申立て	可	不可	移転価格税制は多国間二重課税の調整あり

* 2つの税制が同時に適用可能となるようなケース（国外関連者がタックスヘイブンに所在する場合など）では，国外関連者間取引が移転価格税制の独立企業間価格で行われたものとして計算した金額が，タックスヘイブン対策税制の合算対象となる基準所得金額となります。

13 移転価格税制と関税との関係
～"価格"の考え方が近づきつつある

　海外子会社等との取引の中で，税関を通す輸出入の取引の際には移転価格税制だけでなく関税にも注意が必要です。

● 関税と移転価格税制の価格について

　移転価格税制の価格が独立企業間価格であるのに対し，関税の価格は輸入貨物の価格，輸入港までの運賃，保険料等，包装費，輸入取引をするための無形資産（特許権，商標権，ノウハウ等）の使用料等を合算した価格となっています。

　また，第三者間取引ではなく，売り手と買い手が特殊関係者の場合に，価格が適正かどうか問題になります。関税の特殊関係者は，共同経営者や出資5％以上の関係をいいます（関税定率法施行令1の8）。出資の割合で見ると，移転価格税制（50％以上）の対象より広いといえますが，いずれも取引の実質的な関係で判断されます。

● 関税と移転価格の文書化について

　関税の事後調査，移転価格の税務調査ともに対策が必要です。移転価格税制では文書化が法制化されている国が増加傾向にありますが，関税の文書化については法制化されていません。しかし関税についても，対象取引のあるべき通関価格の算定方法で文書化しておくことで，調査のときに対応が可能になります。移転価格税制と関税の価格の考え方は多少違いますが，国際商業会議所（ICC）が，関税の課税標準と移転価格の課税標準を独立企業間価格として統一する方向を初めて明言するなど，双方の文書化の内容や意味が近づきつつあるといえます。

● 価格調整金と関税について

　独立企業間価格と関税の価格は，上記のとおり算定方法が異なりますが，移転価格ポリシーに基づく価格調整金が発生した場合，輸入申告価格の修正として関税にも影響が出ることもあるため，両方のリスクを踏まえて価格の設定をする必要があります。

移転価格税制と関税の違い

	移転価格税制	関 税
調査対象者	国外関連者のある法人（出資50％以上，他要件あり）	輸入申告をしている，特に相手が特殊関係者（出資５％以上，他要件あり）の場合の個人・法人
対象取引	国外関連者間取引	輸入取引
取引の適正価格	独立企業間価格	輸入貨物の価格 ＋港までの運賃，保険 ＋梱包容器，包装費 ＋輸入取引をするための無形資産(特許権，商標権，ノウハウ等)の使用料* 減額更正の場合あり
調査対象期間	最長６年	最長５年
調査機関	国税局	税関局
文書化の法制化	あり（諸外国でも増加している）	なし

＊ 関税の場合，一般的な金融費用，買付代行手数料は価格に含めません。移転価格税制では機能やリスク分担の度合いで価格に影響がある場合も考えられます。

価格調整金と寄附金について

　近年，企業の海外グループ会社との取引価格の適正性を検討する企業も増えてきました。そうした企業の中では，独立企業間価格を維持し，移転価格算定方法の設定レンジ内に利益率等を収めるため，事後的な取引価格の改定として価格調整金のやり取りをするケースが予想されます。税務調査においては，こうした価格調整金は，企業の事業年度末にスポットで計上される処理となることなどから，この支払が多額となる場合には移転価格税制の問題だけではなく寄附金課税への注意が必要です。

　価格調整金について移転価格事務運営要領3－20では「当該支払等に係る理由，事前の取決めの内容，算定の方法及び計算根拠，当該支払等を決定した日，当該支払等をした日等を総合的に勘案して検討し，当該支払等が合理的な理由に基づくものと認められるときは，取引価格の修正が行われたものとして取り扱う」とされており，逆に合理的な理由がない場合は国外関連者寄附金の適用が検討されることになります。

　合理的な理由に基づくものと認められる価格調整金とは，移転価格事務運営要領別冊の参考事例26では，材料価格の高騰により逆鞘取引となってしまった場合に事後的に値上げを行う際に，関連者と非関連者が同じ基準で値上げを行う場合や，移転価格算定方法として検討のうえで取引単位営業利益法を選択し，その設定と乖離しないように取引価格を期末で改定する旨の事前の取決めを行い，覚書を交わしている場合，その覚書に基づき支払われる価格調整金の支払が例示されています。

　これらを踏まえると，合理的と認められない場合とは，材料価格下落により非関連者のみ事後的に遡って値下げをし，国外関連者からは値下げをしないケースや，事前に価格調整の取決めを行わずに価格改定を事業年度末に遡って行うケース，また事前の取決めはあるが，その運用において，ある年度では価格調整を遡って行い，ある年度では価格調整を行わないなど，便宜的に移転価格算定方法に沿った価格改定を遡及して行うケースなどが考えられます。

第 2 章

日本の移転価格税制の概要

14 適用対象者と適用対象取引
～国外関連者とのすべての取引が対象

● 課税のしくみ（措法66の4①）

　日本の移転価格税制においては，法人が，国外関連者（外国法人で，その法人との間に50％以上の直接または間接に出資関係のあるもの，その他特殊の関係のあるもの）との間で資産の販売・購入，役務の提供その他の取引を行った場合に，その取引価格が独立企業間価格と異なることにより，その法人の所得が少なくなった場合に，課税が行われるしくみとなっています。

● 納税義務者（措法66の4①）

　日本の移転価格税制の適用を受けるものは，日本における法人税の納税義務のある法人とされています。したがって，個人は移転価格税制の適用対象者からは外れています。

　適用対象となる法人には，普通法人はもちろん，協同組合等，公益法人等，人格のない社団等の内国法人，さらには国内に恒久的施設を有する外国法人等も納税義務者となる場合があります。

● 適用対象取引（措法66の4①，措令39の12⑨）

　移転価格税制が適用となる取引は，法人が国外関連者との間で行う資産の販売，資産の購入，役務の提供その他の取引で次の①または②に該当する場合の取引（国外関連取引）です。

　① 法人が国外関連者から受ける支払の対価の額が独立企業間価格に満たない場合（受取対価が少ない場合）
　② 法人が国外関連者に支払う対価の額が独立企業間価格を超えている場合（支払対価が多すぎる場合）

　このように移転価格税制が適用になる取引は，法人と直接取引のある国外関連者とのケースが原則ですが，例外的に法人が非関連者を通じて国外関連者との取引を行った場合にも，契約その他によりその取引があらかじめ定まっている場合で，かつ，その取引の対価の額が法人と国外

A：課税のしくみ

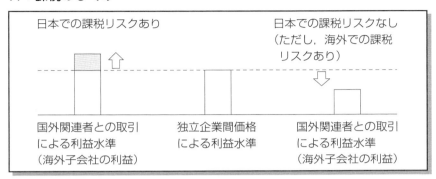

B：国外関連取引

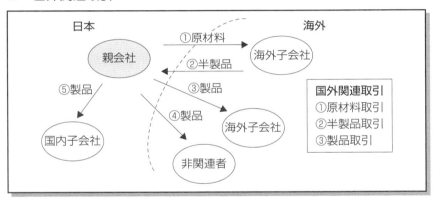

C：みなし国外関連取引

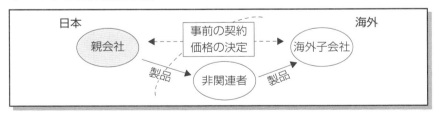

関連者との間で実質的に決定されていると認められる場合には，国外関連取引とみなして制度が適用されることになります。

15 国外関連者の範囲
～国外関連者であるかの判定には形式基準と実質基準がある

　日本の移転価格税制が適用される国外関連者とは，法人と次の「特殊の関係」を有する外国法人をいいます。形式基準と実質基準の2つの判定基準がありますが，実務では形式基準が多く用いられています。

● 形式基準

　次に掲げる株式保有割合により「特殊の関係」の判定を行います。

①　2つの法人のいずれか一方の法人が他方の法人の発行済株式または出資の50％以上の数または金額の株式または出資を直接または間接に保有する関係（親子関係）

②　2つの法人が同一の者によってそれぞれその発行済株式等の50％以上の数または金額の株式または出資を直接または間接に保有される場合におけるその2つの法人の関係（兄弟姉妹関係）

● 実質基準（実質的支配関係の有無による「特殊の関係」の判定基準）

　次に掲げる事実が存在することにより，いずれか一方の法人が他方の法人の事業の方針の全部または一部につき実質的支配関係があると認められる場合には，「特殊の関係」があるものとされます。

①　他方の法人の役員の2分の1以上または代表する権限を有する役員が，一方の法人の役員もしくは使用人を兼務しているまたは一方の法人の役員もしくは使用人であった者である

②　他方の法人が事業活動の相当部分を一方の法人との取引に依存して行っている

③　他方の法人が事業活動に必要とされる資金の相当部分を一方の法人からの借入れにより，または一方の法人の保証を受けて調達している

④　一方の法人が他方の法人から提供される事業活動の基本となる著作権，工業所有権，ノウハウ等に依存してその事業活動を行っている一方の法人の役員の2分の1以上または代表する権限を有する役

A：形式基準

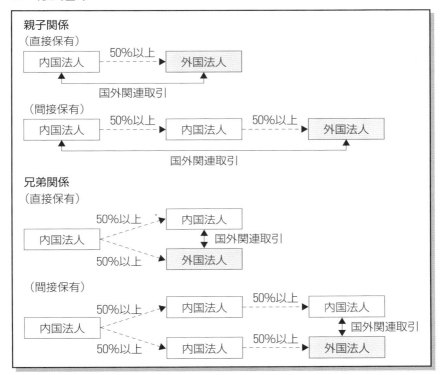

B：実質基準

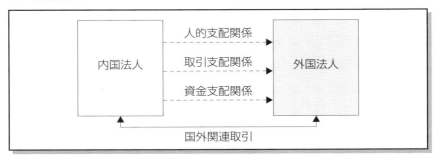

員が他方の法人によって実質的に決定されていると認められる事実がある

16 国外関連取引の範囲
～資本取引以外のあらゆる取引が対象

　法人が国外関連者との間で行う資産の販売，資産の購入，役務の提供のほか，資産の賃貸借取引，無形資産取引，金銭消費貸借取引など，出資や配当等の資本取引以外のあらゆる取引が「国外関連取引」とされています。なお，日本の移転価格税制は，法人による「国外関連取引」を対象とするものであり，法人と個人との間の取引は原則として適用対象外となります。ただし，国外関連者が所在する国や地域によっては，日本の移転価格税制の適用対象外取引であっても，外国においてその国や地域の法令等に基づき移転価格税制が適用される場合があるので留意が必要です。

● 国外関連者との無償取引の除外

　法人が国外関連者との間で行う対価性のない資本取引だけでなく，法人が自己の保有する資産を贈与する場合や債務の免除をする場合などいわゆる無償取引についても，通常は「国外関連取引」には該当せず，移転価格税制が適用されないものと考えられます。国外関連者との無償取引は，一般的には国外関連者に対する寄附金とみなされ，法人の課税所得の金額の計算上，その寄附金の全額が損金不算入となります。

● 外国の非関連者との取引の除外

　日本の移転価格税制では，原則として，法人が行う外国の非関連者との取引は適用対象外とされています。しかし，法人が国外関連者との取引に非関連者を意図的に介在させることにより移転価格税制の適用を免れる可能性があるため，一定の場合には，法人と非関連者との取引を国外関連取引とみなして移転価格税制が適用される場合があるので留意が必要です。

● 国内取引の除外

　日本においては，国内取引は移転価格税制の適用対象外です。

移転価格税制と対象となる国外関連取引

	取引の種類	該当
1	有形資産取引	○
2	無形資産取引	○
3	役務提供取引	○
4	金銭貸借取引	○
5	資本等取引	×

（注1）　無償取引のうち対価性のない寄附は，原則，該当しない。
（注2）　非関連者との取引であっても国外関連取引とみなされる取引もある。
（注3）　国内取引は該当しない。

17 みなし国外関連取引
～第三者を介在した取引でも移転価格税制が適用されることがある

　法人が国外関連者と直接取引をせずに，第三者（非関連者）を介在させて間接的に取引した場合であっても，ある一定の取引については国外関連取引とみなされて，移転価格税制が適用されることがあります。

● 制度の趣旨

　移転価格税制は法人と国外関連者との取引を対象とするものであり，法人と非関連者（当該法人の他の国外関連者および当該国外関連者と特殊の関係のある内国法人以外の者で，個人を含みます。いわゆる第三者）との取引は原則として適用対象外となっています。

　しかし，課税上の不公平や租税回避行為の防止の観点から，法人が国外関連者との取引について非関連者を通じて行っている場合（したがって法人と第三者との取引に一見してなっている場合）であっても，一定の取引については当該法人の国外関連取引とみなされ（みなし国外関連取引），移転価格税制が適用されることになっています（措法66の4⑤）。

● みなし国外関連取引とは

　法人が非関連者を通じて国外関連者と取引（非関連者を通じた法人の国外関連者への輸出取引または非関連者を通じた法人の国外関連者からの輸入取引など）をしているときで，当該非関連者との取引価格など取引内容等が法人・国外関連者間で実質的に決定されている場合は，当該取引が「みなし国外関連取引」とされます（措令39の12⑨）。

　なお，「みなし国外関連取引」に該当するか否かの判定では，非関連者が介在することに経済合理性があるか否かは問題とされません。

　また，対象となる取引は，従来は資産の販売，譲渡，貸付けまたは提供取引に限定されていましたが，平成26年4月1日以降からはすべての取引が対象となりました。例えば，法人と保険契約を締結することにより非関連者が引き受けた保険責任について，国外関連者が再保険を引き受けることが含まれます（措通66の4⑽－1）。

Ａ：みなし国外関連取引のイメージ図

①　非関連者を経由した法人の国外関連者への輸出取引

　法人が取引Ａを行う時点で，あらかじめ取引Ａの対象資産が取引Ｂにより国外関連者に販売されることが決まっており，かつ，取引Ｂでの取引価格が法人と国外関連者との間で実質的に決定されている場合，取引Ａは国外関連取引とみなされる。

②　非関連者を経由した法人の国外関連者からの輸入取引

　国外関連者が取引Ｄを行う時点で，あらかじめ取引Ｄの対象資産が取引Ｃにより法人に販売されることが決まっており，かつ，取引Ｃでの取引価格が法人と国外関連者との間で実質的に決定されている場合，取引Ｃは国外関連取引とみなされる。

Ｂ：留意事項

　日本の会社が商社を通して海外現地法人に製品を輸出している場合であっても，もともと海外現地法人と取引することが決まっていて，その価格が日本の会社と海外現地法人で決定されているときは，移転価格税制が適用されます。

18 独立企業間価格
～移転価格税制における最重要概念

国外関連取引が独立企業間価格（ALP: Arm's Length Price）と異なる価格で行われ，所得が国外関連者に移転している場合には，当該取引はALPで行われたものとみなされて課税されることがあります。よって，ALPは移転価格税制において最も重要な概念といえます。

● 基本的な考え方

移転価格税制では，国外関連取引がALPで行われたか否かが問題となります。ALPとは，当該国外関連取引と同様の状況のもとで，独立第三者間において同種の取引が行われた場合に成立すると認められる価格をいいます。ひとことでいえば，"経済合理性のある取引関係に基づく適正な価格"です。

内国法人がALPと異なる価格で国外関連取引を行った結果，当該法人の所得が国外関連者に移転している場合は，わが国当局はその国外関連取引がALPで行われたものとみなして課税することができます（措法66の4①）。

● ALPの算定方法は

ALPの算定方法は，①棚卸資産の売買取引，②それ以外の取引の2つの取引に分けて定められています（措法66の4②，措令39の12⑧）。具体的には，右図A「独立企業間価格の算定方法の一覧表」をご参照ください。

● 算定方法の適用順位の考え方は

従来ALPは基本三法が優先されていましたが，現在は複数の算定方法のうち，国外関連取引の内容・当事者が果たす機能を勘案して，最も適切な方法を選定することになります（いわゆるベストメソッドルールの導入）。なお，移転価格事務運営要領では，独立価格比準法が最も優れた方法であり，再販売価格基準法と原価基準法が次善の算定方法であるとされています。

A：独立企業間価格の算定方法の一覧表

棚卸資産の売買取引	棚卸資産の売買取引以外の取引
【基本三法】 ① 独立価格比準法 ② 再販売価格基準法 ③ 原価基準法	【基本三法と同等の方法】 ① 独立価格比準法と同等の方法 ② 再販売価格基準法と同等の方法 ③ 原価基準法と同等の方法
【基本三法に準ずる方法】 ① 独立価格比準法に準ずる方法 ② 再販売価格基準法に準ずる方法 ③ 原価基準法に準ずる方法	【基本三法に準ずる方法と同等の方法】 ① 独立価格比準法に準ずると同等の方法 ② 再販売価格基準法に準ずると同等の方法 ③ 原価基準法に準ずる方法と同等の方法
【その他政令で定める方法】 ① 比較利益分割法 ② 寄与度利益分割法 ③ 残余利益分割法 ④ 取引単位営業利益法 ⑤ ①から④までの方法に準ずる方法	【その他政令で定める方法と同等の方法】 ① 比較利益分割法と同等の方法 ② 寄与度利益分割法と同等の方法 ③ 残余利益分割法と同等の方法 ④ 取引単位営業利益法と同等の方法 ⑤ ①から④までの方法に準ずる方法と同等の方法

(出典：国税庁公表資料)

B：算定方法の選択にあたっての留意事項

算定方法は，下記 a ～ d の事項を勘案して選択する必要があります（措通66の 4 (2)－ 1 ）。

a．各算定方法の長所と短所，b．国外関連取引の内容・当事者の果たす機能等に対する算定方法の適合性，c．必要な情報の入手可能性，d．国外関連取引と非関連者取引との類似性の程度

19 棚卸資産の売買取引における独立企業間価格の算定方法
〜価格や粗利（売上総利益），営業利益に着目する方法などに分けられる

● 価格または粗利に着目する方法（基本三法）

① 独立価格比準法（CUP法）（価格に着目する方法）

　国外関連取引に係る価格と比較対象取引に係る価格同士を比較する方法で，独立企業間価格を算定する最も直接的な方法です。

② 再販売価格基準法（RP法）（粗利（売上総利益）に着目する方法）

　国外関連取引に係る売上総利益と比較対象取引に係る売上総利益を比較する方法で，販売会社に対して多く適用される方法です。

③ 原価基準法（CP法）（粗利（売上総利益）に着目する方法）

　国外関連取引に係る売上総利益の原価に占める割合（マークアップ率）と比較対象取引に係るマークアップ率を比較する方法で，製造会社に対して多く適用される方法です。

● 利益（売上総利益または営業利益）を分割する方法

・利益分割法（PS法）

　寄与度利益分割法，比較利益分割法，残余利益分割法の3種類があります。

● 営業利益に着目する方法

・取引単位営業利益法（TNMM）（営業利益に着目する方法）

　取引ごとに，営業利益の水準を比較する方法です。

　これらの具体的な移転価格の算定方法は，かつては基本三法と呼ばれる価格に着目，または粗利（売上総利益）に着目する方法が主体として実務において用いられていましたが，企業取引の複雑化，グループ間取引の増加，またデータベースの内容の拡充などの環境変化により，営業利益に着目し，データベースを活用する取引単位営業利益法（TNMM）などが現在では主流となるよう変遷してきています。

具体例①…独立価格比準法

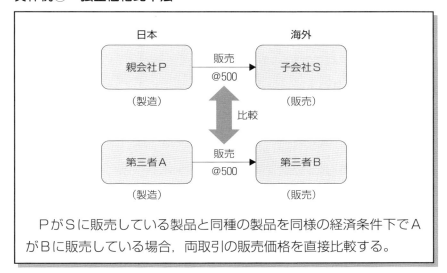

PがSに販売している製品と同種の製品を同様の経済条件下でAがBに販売している場合、両取引の販売価格を直接比較する。

具体例②…TNMM（売上高営業利益率）

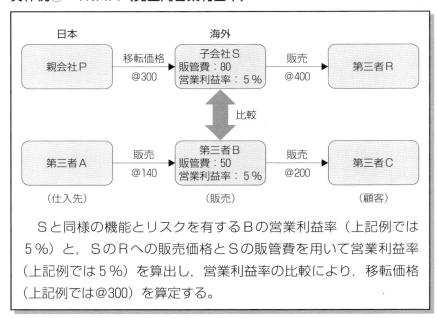

Sと同様の機能とリスクを有するBの営業利益率（上記例では5％）と、SのRへの販売価格とSの販管費を用いて営業利益率（上記例では5％）を算出し、営業利益率の比較により、移転価格（上記例では@300）を算定する。

20 棚卸資産の売買取引以外における独立企業間価格の算定方法
～棚卸資産の売買取引の場合と「同等の方法」が用いられる

　棚卸資産の売買取引以外の取引については，類似する比較対象取引を見出すことが難しいため，基本三法，基本三法に準ずる方法，利益分割法や取引単位営業利益法を用いる場合には「○○と同等の方法」と呼ばれます。ただし，各算定方法における計算式そのものに差異はありません。

● **基本三法と同等の方法**
① 独立価格比準法（CUP法）と同等の方法
② 再販売価格基準法（RP法）と同等の方法
③ 原価基準法（CP法）と同等の方法

● **基本三法に準ずる方法と同等の方法**
① 独立価格比準法に準ずる方法と同等の方法（CUP法）
　これは「○○と同等の方法」の中で典型的な方法です。
　主にロイヤルティ取引の移転価格の合理性を検討するにあたり使用されます。第三者間のロイヤルティ取引の中で，検証対象となるロイヤルティ取引と同種の無形資産で取引条件等が類似しているロイヤルティ取引の料率を用いて独立企業間価格を算定する方法です。ただし，まったく同じ契約は存在しないため，類似する複数の契約を検証してレンジを構成するなどのアレンジを加える必要があります。
② 再販売価格基準法（RP法）に準ずる方法と同等の方法
③ 原価基準法（CP法）に準ずる方法と同等の方法

● **利益法と同等の方法**
① 比較利益分割法と同等の方法
② 寄与度利益分割法と同等の方法
③ 残余利益分割法と同等の方法
④ 取引単位営業利益法と同等の方法

具体例…独立価格比準法に準ずる方法と同等の方法（CUP法）

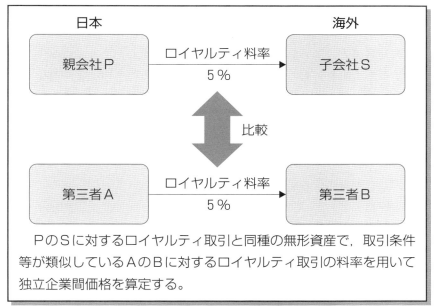

＊　ロイヤルティ料率を問題とする取引は，棚卸資産以外の無形資産と呼ばれる資産についての取引であるため，その料率の適否の検討には，「同等の方法」が用いられることとなる。

21 推定課税
～ローカルファイル提出の遅延が推定課税を招く

　移転価格調査においては、税務調査官が指定する期日までにローカルファイルの提出を行わない場合、一定の推定課税の方法により算定された独立企業間価格に基づき所得を更正されるおそれがあります。

● **移転価格調査における推定課税**

　推定課税とは、税務調査において、税務調査官が納税者の内部情報ではなく、独自に入手した外部情報により算定した結果をあるべき課税金額とみなして更正するものです。

　移転価格調査においては、従来、省令で定める「独立企業間価格を算定するために必要と認められる書類」の提示、または、提出を遅滞なく行わなかった場合に、税務当局は、右図Aの「推定課税の方法」により算定した金額をその独立企業間価格と推定して、当該法人の所得を更正することができるものとされていました（旧措法66の4⑥）。

　平成28年度の税制改正では、原則としてローカルファイル（独立企業間価格を算定するために必要と認められる書類）の作成・保存義務が設けられましたが、その同時文書化義務（22項、37項参照）の有無により、推定課税の条件が明確化されました（右図B）（措法66の4⑧⑨）。この改正は、平成29年4月1日以後に開始する事業年度分の法人税について適用されます。

● **推定課税回避のためのローカルファイル作成**

　平成28年度の税制改正で推定課税の条件が明確になったため、移転価格税制に係る納税者の予見可能性の確保、執行の透明化が期待されます。その一方で、推定課税は、ローカルファイルの作成義務違反のペナルティということもできます。推定課税が行われた場合、納税者は自己の主張する取引価格が独立企業間価格であることを立証しない限り、税務当局の算定価格が独立企業間価格とみなされ、所得が更正されることになりますので、十分注意が必要です。

A：推定課税の方法（措法66の4⑧一・二）

(1) 当該法人のその国外関連取引に係る事業と同種の事業を営む法人で事業規模その他の事業内容が類似するもののその事業に係る売上総利益率又はこれに準ずる割合として政令で定める割合を基礎とした以下の方法 　a．再販売価格基準法（RP法） 　b．原価基準法（CP法） 　c．a，bと同等の方法
(2) ((1)の方法を用いることができない場合に以下の方法) 　d．利益分割法（PS法） 　e．取引単位営業利益法（TNMM） 　f．またはそれらと同等の方法に類するものとして政令で定める方法

B：推定課税（および同業者調査）の実施条件（措法66の4⑧⑨）

（平成29年4月1日以後に開始する事業年度分の法人税について適用）
◆下記の1～3の移転価格文書が，各提出期限までに提出されなかった場合には，税務当局は推定課税や同業者調査（22項参照）の実施が可能

	ローカルファイルの同時文書化義務の有無	
	同時文書化義務あり（同時文書化対象国外関連取引）	同時文書化義務なし（同時文書化免除対象国外関連取引）
移転価格文書の種類	1．ローカルファイル（独立企業間価格算定に必要と認められる書類）	2．独立企業間価格算定に重要と認められる書類 　a．ローカルファイルの基礎資料 　b．ローカルファイルの関連資料	3．独立企業間価格算定に重要と認められる書類 　a．ローカルファイルに相当する資料等 　b．aの基礎資料 　c．aの関連資料
税務申告期限までの作成・取得義務	あり	なし	なし
提出期限	45日以内の税務調査官が指定する日	60日以内の税務調査官が指定する日	60日以内の税務調査官が指定する日

22 比較対象企業への質問検査権(同業者調査)
～回避にはローカルファイルの指定期日前の提出を

　通常の税務調査における税務調査官の質問検査権は，調査対象法人とその取引先に限られます。しかし，移転価格調査の場合，ローカルファイルを調査官の指定する期日までに提出しなければ，その権限が取引先だけでなく，取引関係のない比較対象企業(同業者)にまで及びます。

● 比較対象企業への質問検査(同業者調査)とは

　移転価格調査において，独立企業間価格を算定するために必要があるときに，税務調査官が調査対象法人の国外関連取引に係る事業と同種の事業を営む者(同業者)に質問し，または，当該事業に関する帳簿書類を検査することを，比較対象企業への質問検査(以下，同業者調査)といいます(措法66の4⑪)。

　従来，この同業者調査は，法人が国外関連取引に係る独立企業間価格を算定するために必要と認められる帳簿書類を，税務調査官の求めに応じて遅滞なく提示または提出をしなかった場合に実施可能とされていました(旧措法66の4⑧)。平成28年度の税制改正では，ローカルファイルの同時文書化義務の有無により，同業者調査の実施条件(推定課税の実施条件と同じ)が明確化されています(21項右図B)。

● 同業者調査による課税の根拠は不明確

　国税庁の移転価格事務運営要領3-5(6)によれば，同業者調査が実施された場合に，非関連者間取引を比較対象取引として選定するために用いた条件，その比較対象取引の内容，差異の調整方法等を納税者に対し十分に説明することとされています。しかし，その際，守秘義務規定に留意するものとされていますので，企業名等は明らかにされません。したがって，納税者が税務調査官の課税の根拠を十分に知りえず，的確な反論ができないまま，所得の更正を受けてしまうリスクがあります(いわゆる，シークレットコンパラブルの問題)。したがって，ローカルファイルの指定期日前提出を行い，同業者調査を回避することが肝要です。

A：同業者調査の実施条件（措法66の4 ⑪⑫）
（平成29年4月1日以後に開始する事業年度分の法人税について適用）

21項図Ｂの1〜3の移転価格文書が，各提出期限までに提出されなかった場合には，税務当局は推定課税や同業者調査の実施が可能

B：推定課税と同業者調査回避のポイント

ローカルファイル等の移転価格文書を指定期日までに提出すれば，税務当局による推定課税と同業者調査を回避できる。

C：ローカルファイルの同時文書化義務（措法66の4 ⑥）

国外関連取引を行った法人は，当該国外関連取引に係る独立企業間価格を算定するために必要と認められる書類（電磁的記録を含む。「ローカルファイル」と呼ぶ）を確定申告書の提出期限までに作成しなければならないとするもの

D：同時文書化義務の免除（措法66の4 ⑦）

一の国外関連者との前期（前期がない場合には当期）の取引金額（受払合計）が50億円未満であり，かつ，当該一の国外関連者との前期（前期がない場合には当期）の無形資産取引金額（受払合計）が3億円未満である場合には，当該一の国外関連者との当期の国外関連取引については，ローカルファイルの確定申告書の提出期限までの作成・保存義務（同時文書化義務）が免除される。

23 相互協議と対応的調整
～調査による二重課税問題の解決策とは

● 相互協議の概要

相互協議とは，国際的な二重課税問題（同一の取引等について複数の国より課税されているケース）を解決するために，租税条約の規定に基づいて条約締結国の税務当局間で行われる協議手続です。移転価格税制が適用され国際的な二重課税が生じた場合などに，国内法における救済手段（審査請求，訴訟等）とは別に救済のための申立てを行うことができ，移転価格税制においては，救済手段として重要な役割を果たしています。

相互協議の申立ては，「相互協議申立書」と一定の資料を税務当局に提出することにより行います。移転価格課税を受けたことを理由に相互協議を求める場合や，事前確認の申出に伴い取引相手国の管轄税務当局の承認を必要とする相互協議を求める場合などには，申立てを行うことができます。移転価格税制においては，調査による課税問題の解決と事前確認制度の利用の双方において，相互協議が必要となる制度です。

● 対応的調整とは

法人が国外関連者と行った取引について，独立企業原則に則して移転価格課税が行われた場合には，その課税の裏返しの効果として取引の相手方である法人の所得を減額する調整を行うことになります。このことを対応的調整といいます。

内国法人が租税条約の締結国にある国外関連者との取引において，移転価格課税が行われた場合に，条約相手国の権限のある当局と日本の税務当局との間で取引価格についての合意が成立し，内国法人が当局間の合意に基づいて税務当局に更正の請求を行うことを要件として，対応的調整が行われることになります。

相互協議は，一方の締結国の法人において税務調査や更正が行われてはじめて申立てが行われることになり，合意に至るまでには相当の期間

Ａ：相互協議の流れ

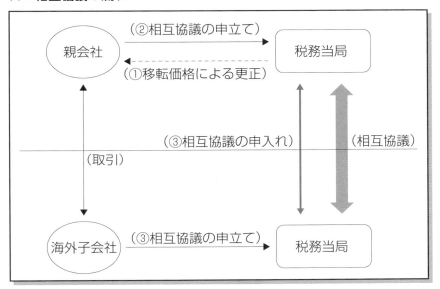

Ｂ：国税通則法による手当て（通則法23②，通則令６）

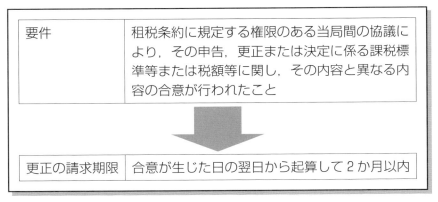

を要することから，国税通則法では，一定の条件を満たす場合に納税の猶予を認めるなど一定の手当てがされています（上図Ｂ参照）。

24 相互協議と延滞税および還付加算金
~一定の要件を満たせば免除となる

　内国法人が国外関連者との間の国外関連取引について移転価格課税が行われた場合に，相互協議による合意が成立したときには，合意の期間における延滞税や還付加算金については，附帯税の二重負担や思わぬ利得が生じないよう一定の手当てがなされています。

● **延滞税の取扱い**（措法66の4㉕，措令39の12⑰）

　移転価格課税が行われた場合に，内国法人とその国外関連者との間の国外関連取引において，独立企業間価格につき条約相手国等の権限ある当局との間で租税条約に基づく合意をしたことなど一定の要件を満たすときは，納付すべき法人税および地方法人税に係る延滞税のうち権限ある当局との間で合意をした期間については免除することができることとしています。一定の要件とは次のとおりです。

　① 国外関連取引に係る独立企業間価格について権限ある当局との間で租税条約に基づく合意をしたこと
　② 条約相手国等が，合意に基づき国外関連者に係る租税を減額すること
　③ 租税の減額により還付をする場合に，権限ある当局との間で合意をした期間について還付加算金は付さないこと

● **還付加算金の取扱い**（実施特例法7，実施特例令6）

　移転価格課税が行われた場合に，内国法人とその国外関連者との間の国外関連取引において，独立企業間価格につき条約相手国等の権限ある当局との間で租税条約に基づく合意をしたことその他一定の要件を満たすときは，更正に係る還付金または過納金については，権限ある当局との間で合意をした期間について還付加算金は付さないことができることとしています。一定の要件とは次のとおりです。

　① 租税の課税標準等もしくは税額等につき権限ある当局との間で租税条約に基づく合意をしたこと

A：延滞税の取扱い

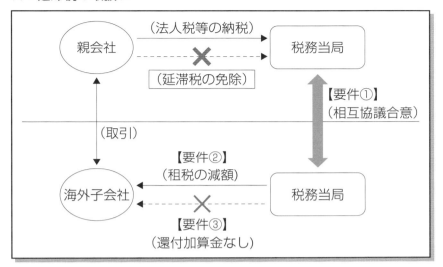

B：還付加算金の取扱い

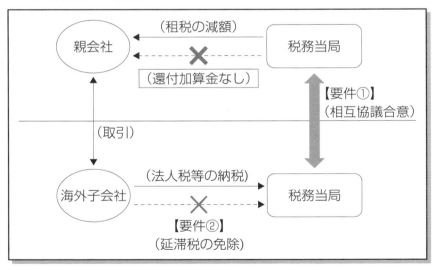

② 条約相手国等が，権限ある当局との間で合意をした期間について延滞税を免除すること

25 事前確認制度の概要①
～将来の事業年度に対する移転価格対応として有効

● 事前確認制度とは

　事前確認制度とは，納税者が国外関連者との取引にあたり，自らが最も合理的と考える独立企業間価格の算定方法等について，税務当局に事前に確認を申し出た場合に，税務当局はその申出を受けて検証を行い，確認する制度です。税務調査による移転価格の問題が申告を終了した過去の事業年度の期間についてのことであるに対し，事前確認はこれから行おうとする将来の事業年度に対する企業側の移転価格対応の問題といえます。

　納税者は，事前確認制度の申出を行い，税務当局からの確認が得られれば，その取引について，当局からの確認期間においては，日本の税務調査で指摘を受けることはなくなるというメリットがあります。

● 事前確認の申出

　事前確認の申出は，事前確認を受けようとする事業年度（確認対象事業年度）のうち最初の事業年度開始の日までに，「独立企業間価格の算定方法等の確認に関する申出書」（確認申出書）を所轄税務署長に提出することにより行うものです。

　事前申出書には，確認対象事業年度，事前確認を受けようとする国外関連取引（確認対象取引），確認対象取引に係る国外関連者および確認対象取引に係る独立企業間価格の算定方法等をその国外関連者の所在する国または地域ごとに記載します。

　事前申出書には，確認の対象となる国外関連者との取引の概要を説明した資料や，確認を求める独立企業間価格の算定方法が最も適切な方法であることを証明した資料など，一定の資料の添付が求められます。

　事前確認の対象となる事業年度は，原則として3事業年度から5事業年度とされています。最近における事前確認の例では，適用を希望する事業年度は5事業年度とする申請が多くなってきている状況にあります。

事前確認における添付資料（移転価格事務運営要領6－3）

①	確認対象取引の内容，確認対象取引の流れおよびその詳細を記載した資料 （いわゆる取引図などの取引内容の説明資料）
②	確認申出法人および確認対象取引に係る国外関連者の事業の内容および組織の概要を記載した資料
③	確認対象取引において確認申出法人および確認対象取引に係る国外関連者が果たす機能，負担するリスクおよび使用する資産に関する資料 （いわゆる税制対象となる取引当時者の取引での機能・リスクの説明資料）
④	確認対象取引に係る独立企業間価格の算定方法等およびそれが最も適切な方法であることを説明した資料 （いわゆる企業が選択した移転価格の検討の算定方法の説明資料）
⑤	事前確認を行い，かつ，事前確認を継続するうえで前提となる重要な事業上または経済上の諸条件（条件に相当する確認対象取引に係る経済事情その他の要因等を含む。以下同じ）に関する資料 （いわゆる事前確認申請を行ううえでの重要な前提条件）
⑥	確認申出法人と確認対象取引に係る国外関連者との直接もしくは間接の資本関係または実質的支配関係に関する資料 （いわゆる移転価格税制の対象となるかどうかの資本関係の説明資料）
⑦	確認申出法人および確認対象取引に係る国外関連者の過去3事業年度分の営業および経理の状況その他事業の内容を明らかにした資料（過去3事業年度分の資料を提出できない場合には，将来の事業計画，事業予測の資料など，これに代替するもの） （いわゆる事前確認の対象となる当事者の損益等実績の説明資料）
⑧	確認対象取引に係る国外関連者について，その国外関連者が所在する国または地域で，移転価格に係る調査，不服申立てまたは訴訟等が行われている場合には，その概要および過去の課税状況を記載した資料
⑨	確認対象取引に係る独立企業間価格の算定方法等を確認対象事業年度前3事業年度に適用した場合の結果など確認対象取引に係る独立企業間価格の算定方法等を具体的に説明するために必要な資料 （いわゆる企業が選択した移転価格の検証による影響度の説明資料）
⑩	確認申出法人が属する多国籍企業グループの最終親会社等および当該確認申出法人に係る親会社等のうち当該確認申出法人を直接支配する親会社等が当該最終親会社等でない場合の親会社等の概要（法人名，本店または主たる事務所の所在地等）を記載した資料（相互協議を伴わない事前確認の申出の場合に限る）
⑪	その他事前確認にあたり必要な資料

26 事前確認制度の概要② 〜有用な事前相談，選択可能な相互協議，事前確認後の年次報告

● 事前相談

　納税者は，事前確認の申出を行う前に，税務当局の担当課に事前相談を行うことができます。事前相談を行うことにより，申出について基本的理解を税務当局と共有でき，効率的な必要資料の作成や申出後の事前確認審査を円滑に進めるための助けとなります。確認申出書の添付資料の作成要領や提出期限，その他事前確認に係る手続に必要な事項について説明を受けることができ，また，事前確認の申出を行うかどうか判断するために必要な情報を入手することもできます。

● 事前確認と相互協議

　事前確認制度には，相互協議を伴う事前確認と，相互協議を伴わない日本のみによる事前確認があります。納税者は事前確認にあたり，相互協議を求めるか否かを選択することができます。日本のみによる事前確認の場合（いわゆる一国のみの事前確認）には，相手国で課税を受ける可能性が残りますが，相互協議を伴う事前確認（いわゆる二国間での事前確認）により相手国との間で合意が成立すれば，その合意に基づく取引における両国での課税のリスクをなくすことができます。ただし，必ずしも合意に達するとは限らないため，合意不成立となった場合には，事前確認の申出を取り下げるか，日本のみによる事前確認を求めるかを選択することになります。

● 審査結果の通知と事前確認の効果（移転価格事務運営要領6－15，6－16）

　審査結果は，所轄税務署長より「独立企業間価格の算定方法等の確認通知書」または「独立企業間価格の算定方法等の確認ができない旨の通知書」により通知が行われます。事前確認する旨の通知を受けた法人が事前確認を受けた各事業年度において，事前確認の内容に適合した申告を行っている場合には，その取引は独立企業間価格で行われたものとして取り扱われることになります。ただし，法人が事前確認の内容に適合

事前確認制度の流れ

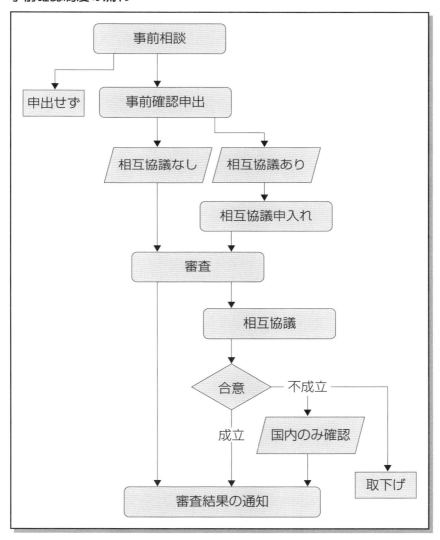

した申告を行っていることを説明する「年次報告書」を各事業年度について税務当局に提出する必要があります。年次報告書の各事業年度での提出期限については，前述の確認通知書に記載されることとなります。

27 移転価格税制と法人税申告書
～国外関連者に関する事項の自主的な開示

　法人は，各事業年度においてその法人に係る国外関連者との間で取引を行った場合には，「国外関連者に関する明細書」（法人税別表17(4)）をその事業年度の確定申告書に添付しなければならないとされ，確定申告制度のもと，国外関連者に関する事項を自主的に開示することが求められています（措法66の4⑲）。

● 法人税別表17(4)の取扱い

　法人税別表17(4)の記載事項は，税務当局が移転価格税制上の検討を概観的に行ううえで必要な情報に絞り込んだ内容となっています。このことから，税務当局は，法人の国外関連者への所得移転の可能性についてあらかじめ検討を行うことにより，当該法人について移転価格調査を実施すべきかの判断材料に利用しているものと考えられます。

● 法人税別表17(4)を添付しなかった場合の罰則

　国税庁が公表している移転価格事務運営要領3-3では，「国外関連取引を行う法人が，その確定申告書に法人税申告書別表17(4)を添付していない場合または当該別表の記載内容が十分でない場合には，当該別表の提出を督促し，またはその記載の内容について補正を求めるとともに，当該国外関連取引の内容について一層的確な把握に努める。」と記述されているのみで，罰則が課されることはありません。

● 法人税別表17(4)の記載事項

　主な記載事項は，以下のとおりです。
　①　国外関連者の名称，本店所在地および主たる事業ならびに従業員数
　②　国外関連者の従業員数および資本金の額または出資金の額
　③　国外関連者の直近事業年度の営業収益等
　④　国外関連者との取引状況等
　⑤　独立企業間価格の算定方法および独立企業間価格について税務当局の事前確認の有無

国外関連者に関する明細書

国外関連者に関する明細書			事業年度 又は連結 事業年度	． ．	法人名	（　　　）	別表十七（四）

（表：国外関連者に関する明細書の様式）

	項目	第一 該当	第二 該当	第三 該当
国外関連者の名称等	名称			
	本店又は主たる事務所の所在地			
	主たる事業			
	従業員の数			
	資本金の額又は出資金の額			
	特殊の関係の区分			
	株式等の保有割合（保有／被保有／同一の者による国外関連者の株式等の保有）	（内　％）　％	（内　％）　％	（内　％）　％
直近事業年度の営業収益等	事業年度	平・・／平・・	平・・／平・・	平・・／平・・
	営業収益又は売上高	（　　百万円）	（　　百万円）	（　　百万円）
	営業費用（原価／販売費及び一般管理費）	（　　百万円）	（　　百万円）	（　　百万円）
	営業利益	（　　百万円）	（　　百万円）	（　　百万円）
	税引前当期利益	（　　百万円）	（　　百万円）	（　　百万円）
	利益剰余金	（　　百万円）	（　　百万円）	（　　百万円）
国外関連者との取引状況等	棚卸資産の売買の対価（受取／支払／算定方法）	百万円	百万円	百万円
	役務提供の対価（受取／支払／算定方法）			
	有形固定資産の使用料（受取／支払／算定方法）			
	無形固定資産の使用料（受取／支払／算定方法）			
	貸付金の利息又は借入金の利息（受取／支払／算定方法）			
	（受取／支払／算定方法）			
	（受取／支払／算定方法）			
事前確認の有無		有・無	有・無	有・無

　特に，国外関連者との取引の欄の記載には，個別の国外関連者ごと，取引種類ごとに企業の採用している独立企業間価格の算定方法（いわゆる算定方法）の記載欄がありますので，注意が必要となります。

28 移転価格調査
〜中堅・中小企業もターゲットになりやすくなってきた

　これまで移転価格調査は，国外関連者との取引規模が数十億円以上ある大規模法人が主にその対象とされ，多くの中小・中堅企業については，移転価格調査が行われるケースはあまり見受けられませんでした。しかし，近年，中小・中堅企業を含む日本企業の相次ぐ海外進出に伴い，日本の税収確保が難しくなってきたことや，国税通則法の改正により一般の法人税調査の範囲に移転価格調査が加わったことなどにより，税務調査が大きく変わり，大規模法人だけでなく中小・中堅企業も移転価格調査が行われやすくなりました。一方，中小・中堅企業においては，移転価格調査のための準備が遅れている傾向が見受けられます。

● 国際税務の重要性が増大

　税務調査において，海外取引に関する移転価格，寄附金，国際源泉課税など国際税務の分野をターゲットにする傾向があります。また，各税務署でも移転価格税制を担当する国際税務専門官が配置される署が増えてきていますので，税務調査に際して，移転価格の検討文書（移転価格文書化文書）が企業にあるかどうか，ある場合にはその内容把握のため写しを求められることも増えてきています。

● 国税通則法の改正

　移転価格調査は，これまで，一般の法人税調査とは別に実施されてきましたが，国税通則法が改正され，原則として，一般の法人税調査において移転価格調査が行われることになりました。ただし，移転価格の本格税務調査は調査期間が長くなり，法人税の一般調査の期間と結果を同時に出すことが国税当局側においても困難であるなどの事情もあり，国税当局が「法人税の調査の区分に係る同意書」の様式を納税義務者に交付し，その納税者の同意があれば，移転価格調査は法人税調査と区別して行われることになります。

A：移転価格調査実施までの流れ

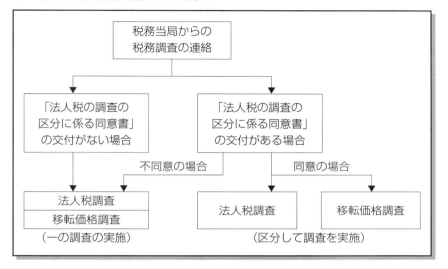

B：移転価格調査の状況

事務年度		平成21年	平成22年	平成23年	平成24年	平成25年	平成26年
申告漏れ件数	件	100	146	182	222	170	240
申告漏れ所得金額	億円	687	698	837	974	537	178
平均申告漏れ金額	億円/件	6.87	4.78	4.60	4.39	3.16	0.74

(出典：国税庁資料（法人税等の調査事績の概要))

● 移転価格調査の事績

　国税庁では，事務年度ごとに法人税等の調査事績の概要を発表しています。その中に「移転価格税制に係る実地調査の状況」として申告漏れ件数や申告漏れ所得金額が公開されていますが，上表Bのように申告漏れ件数は増加し続けていますが，申告漏れ所得金額の合計は伸びていないことから，1件当たりの追加課税額が小額化してきている，換言すれば移転価格税制の対象として着目される取引の規模が細かくなってきていることが窺えます。

29 国外関連者が保存する資料の提出義務
〜国外関連者から資料が入手できない場合は要注意

移転価格調査においては、税務当局から、国外関連者が保存する資料の写しの提示や提出を求められる場合があります。調査対象法人が日本の親会社であれば、その求めに応じることは比較的容易と考えられますが、外国法人の日本子会社の場合は、外国親会社や外国兄弟会社から資料を入手することが困難なことが多く見受けられます。この場合、外国法人の立場では、日本の税務当局からの求めに応じなくても何ら税法上の問題はないといえますが、日本法人の立場では、「独立企業間価格が合理的に算定されていることを証する書類」を示すことができないとみなされ、同業者に対する質問検査権の行使や推定課税されるリスクが高まるといえます。

● 親会社の資料の提出義務

「国税庁の職員又は法人の納税地の所轄税務署若しくは所轄国税局の職員は、法人とその法人に係る国外関連者との間の取引に関する調査について必要があるときは、その法人に対し、国外関連者が保存する帳簿書類又はその写しの提示又は提出を求めることができる。」(措法66の4⑩) とされています。これは、税務当局が、法人と国外関連者との間において適切に所得配分がなされているか、独立企業間価格の算定方法に妥当性があるかなどを検討するうえで必要があるときは、法人に対して、その国外関連者の保存する帳簿書類等の提示または提出を求めることができることを法令上明らかにしたものです。移転価格調査においては、税務当局に対して独立企業間価格の算定根拠を示す必要があるため、国外関連者の意思にかかわらず、求められた帳簿書類等の提出義務があると考えられます。

● 提出した場合の留意点

法人が、たとえ国外関連者から帳簿書類等を入手し税務当局に提示または提出できたとしても、合理的な独立企業間価格算定の根拠となる資

国外関連者が保存する帳簿書類等の入手努力義務の削除

> 旧租税特別措置法66の4⑦
>
> 国税庁の当該職員又は法人の納税地の所轄税務署若しくは所轄国税局の当該職員は，法人と当該法人に係る国外関連者との間の取引に関する調査について必要があるときは，当該法人に対し，当該国外関連者が保存する帳簿書類（その作成又は保存に代えて電磁的記録の作成又は保存がされている場合における当該電磁的記録を含む。以下この条において同じ。）又はその写しの提示又は提出を求めることができる。この場合において，当該法人は，当該提示又は提出を求められたときは，当該帳簿書類又はその写しの入手に努めなければならない。

ローカルファイルの作成，取得，保存が義務化されることとの整合性並びに推定課税及び同業者調査は納税者が所定の入手努力を尽くさないことを要件としていない旨の明確化といった観点から，当該努力義務規定は削除されました。
(出典：平成28年版 改正税法のすべて)

> 租税特別措置法66の4⑩
>
> 国税庁の当該職員又は法人の納税地の所轄税務署若しくは所轄国税局の当該職員は，法人と当該法人に係る国外関連者との間の取引に関する調査について必要があるときは，当該法人に対し，当該国外関連者が保存する帳簿書類（その作成又は保存に代えて電磁的記録の作成又は保存がされている場合における当該電磁的記録を含む。）又はその写しの提示又は提出を求めることができる。

料と認められないときは，同業者に対する質問検査権の行使や推定課税の可能性があるので留意が必要です。

30 移転価格税制における更正等の期間の制限
～更正等の実施には期間の制限が定められている

　更正（決定），更正の請求の実施の期間制限については，各国の法律ごとに定められており，統一されていません。よって，相互協議の合意が成立した時点では，すでに日本の国内法での期間制限を経過していることがありえます。

● 課税庁からの更正等の期間の制限

　日本の課税庁が実施する国税の更正等の期間の制限については，(a)偽りその他不正の行為がある場合は法定申告期限から7年，(b)その他の場合は5年（通則法70①④），(c)法人税の純損失等の金額に係る更正については9年となります（通則法70②）。これに対して，(d)移転価格の更正決定等の期間制限は6年となります（措法66の4㉑）。

　よって，国内法上は，7年前から9年前までの各事業年度に生じた欠損金が移転価格を原因とする場合には，9年前まで遡って移転価格の更正をすることができることになります。ただし，租税条約（日米租税条約など）によっては，制限を受けることがあります。

　また，特例として，(a)申告納税方式による国税については，移転価格の相互協議による合意の日から3年間となり（通則法71①二，通則令30），(b)申告納税方式によらない国税（源泉所得税など）については，租税条約が直接適用されて，通常の期間の制限を超えて合意内容が実現されます。

● 納税者からの更正の請求の期間の制限

　納税者が実施する更正の請求の期間の制限については，(a)通常は法定申告期限から5年（通則法23①），(b)法人税の純損失等の金額に係る更正については9年となります（通則法23①）。これに対して，(c)移転価格の更正決定等の期間制限は6年となります（措法66の4⑳）。

　また，特例として，移転価格の相互協議の場合にはその合意の日の翌日から2か月となります（通則法23②三，通則令6①四）。

A：更正・決定等の期間制限の一覧表

主 体	区 分	原 則（注1）			特 例
		通 常	移転価格	純損失	
課税庁	増額更正	5年 （注2，3）	6年 （注3）	9年 （注3，4）	理由が生じた日から3年 （注5）
	減額更正	同上	同上	同上	同上
納税者	更正の請求	5年	6年	9年 （注4）	理由が生じた日の翌日から2か月（注5）

（注1） 上記の原則規定に係る年数は法定申告期限から起算します。
（注2） 偽りその他の不正の行為がある場合には，7年に延長されます。
（注3） 更正の除斥期間終了間際の更正の請求に係る請求は，更正の請求のあった日から6か月間行うことができます。
（注4） 平成30年4月1日以後に開始する事業年度において生じた欠損金額は10年間となります（平成28年度改正）。
（注5） 政令で定める理由には，相互協議の合意が含まれます。

B：租税条約との関係

日本が締結した租税条約には「相互協議条項」が定められており，その内容は下記の2つに分類されます。
　(a) 国内法に優先して適用されるもの…アメリカなど
　　　相互協議の合意内容について，両国間で租税条約上対応的調整が担保されます。
　(b) 合意の努力義務，協議の権限を与えるのみのもの…ブラジルなど
　　　相互協議の合意内容について，日本では租税条約上対応的調整が担保されますが，相手国では担保されません。
なお，OECDモデル条約では，「法令上の制限にかかわらず実施されなければならない」と規定されています。

移転価格税制における納税の猶予制度
~相互協議の合意が得られるまでの間納税が猶予される制度がある

　日本において移転価格課税が実施された場合には，納税者の申請により，一定の間，移転価格税制の更正等に係る本税などの納税が猶予されます。

● 制度の趣旨

　平成19年度税制改正で，数年間における国際的な二重課税に伴う企業の資金負担を軽減することを目的として，日本において移転価格課税が実施された場合に，納税者による相互協議の申立てから相手国との相互協議で合意が得られるまでの間，移転価格税制の更正等に係る本税・延滞税について納税を猶予する制度が創設され（措法66の4の2①），平成20年度税制改正で地方税にも同様の制度が導入されました。

　また，平成28年4月1日以後の開始事業年度から外国法人の内部取引が移転価格税制の適用範囲となったことに伴い，内部取引の更正決定に係る納税の猶予も受けることができるようになりました（措法66の4の3⑪）。

　この納税の猶予制度はあくまで日本において移転価格課税を受けた場合の制度であり，外国において子会社等が移転価格税制を受けた場合には，相手国における当該制度の有無を確認する必要があります。

● 納税猶予の期間

　納税猶予の期間は，更正等の納期限または納税猶予の申請日のいずれか遅い日（延滞税はいずれか早い日）から起算して，相互協議の合意の決定通知があった日の翌日から1か月を経過する日までの期間です（措法66の4の2①）。

● 納税猶予の手続

　一定の要件（担保の提供など）を充足した申請者が，所定の書類に必要資料を添付して，税務署長等に提出します。

納税猶予期間のイメージ図

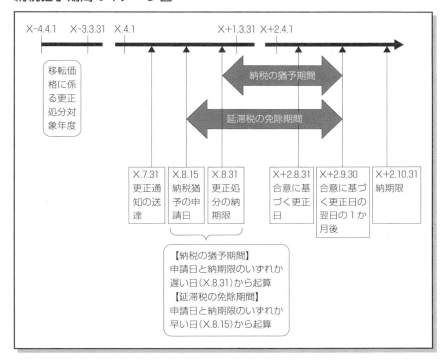

32 移転価格税制における還付加算金
〜移転価格課税の実施国が日本か否かで還付加算金の計算が異なる

　移転価格課税が条約相手国において実施された場合には，還付加算金の計算は一定の期間後から起算されるため，通常還付加算金が付されません。これに対して，日本が実施した場合には追徴税額の納付日の翌日から起算されるため，還付加算金が付されることになります。

● 条約相手国が移転価格課税を実施した場合

　条約相手国が移転価格課税を実施し，相互協議による減額更正の合意があったときには，いわゆる租税条約実施特例法7条1項が適用され，納税者からの更正の請求に基づく更正により本税が還付されます。

　この場合，更正の請求があった日の翌日から起算して3か月を経過する日と更正があった日の翌日から起算して1か月を経過する日とのいずれか早い日の翌日から還付のための支払決定の日までの期間の日数に応じて，還付加算金が計算されます（通則法58①二，措法95）。

　このため，日本においては，税務当局が通常の事務処理を行えば，本税の還付に還付加算金は付されないこととなります。

　ただし，何らかの理由により通常の事務処理が行えずに大幅に遅れた場合などは，本税に還付加算金が付されることになります。

　このような状況を勘案して，一定の要件を充足するときは，国税局長等は，一定の期間に対応する部分に相当する金額を付さないことができることになっています（実施特例法7⑤，実施特例令6②）。

● 日本が移転価格課税を実施した場合

　日本が移転価格課税を実施し，相互協議による減額更正の合意があったときには，国税通則法71条が適用され，日本の税務当局の職権による更正により本税が還付されます。

　この場合，移転価格課税に係る追徴税額の納付日の翌日から還付のための支払決定の日までの期間の日数に応じて，還付加算金が計算されます（通則法58①二，措法95）。

A：還付加算金の計算のイメージ図

条約相手国が移転価格課税を実施した場合

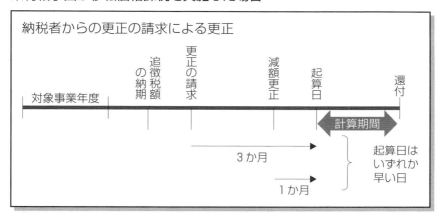

日本が移転価格課税を実施した場合

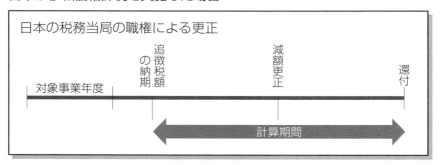

B：還付加算金の計算式

還付加算金＝過納金×7.3％または（特例基準割合＋年1％）のいずれか低い割合

無形資産の独立企業間価格はDCF法が採用される？

　国外関連者に対して無形資産を譲渡した場合に、この無形資産の独立企業間価格をどのように算定すればよいのでしょうか。

　無形資産はその性質から独立企業間価格を算定するのが難しいといわれていますが、この点について、OECD移転価格新ガイドラインでは下記のように整理しており、DCF法と所得相応性基準の採用を念頭に置いています。

　将来的には、例えば日本の親会社が海外子会社に無形資産を譲渡する際に、その譲渡価額をDCF法で算定し、数年後に当該無形資産についてDCF法で再度算定をして、譲渡時の算定額と大きな乖離が生じた場合には譲渡時の譲渡対価を修正することになるかもしれません。

　平成28年11月14日に税制調査会から公表された「BEPSプロジェクト」の勧告を踏まえた国際課税のあり方に関する論点整理（案）において、無形資産移転時の価格設定としてのDCF法の活用と所得相応性基準の採用について記述されています。また、平成28年12月8日に公表された平成29年度税制改正大綱では、中長期に取り組むべき事項として知的財産等の無形資産を、税負担を軽減する目的で海外へと移転する行為等に対応すべく、「BEPSプロジェクト」で勧告された「所得相応性基準」の導入を含め、必要な見直しを検討することが記述されています。

第3章

移転価格文書化の実務

33 移転価格文書化の目的
~移転価格文書化の目的は，移転価格リスクへの対応にある

　移転価格文書化の目的は，不測の多額の課税を回避し，法人税の申告の中に含まれるグループ間取引の結果が適切であることを証明することにあるといえます。この作成により，税務調査等の移転価格リスク対応が可能となると考えられます。

● 平成22年度税制改正前

　平成22年度税制改正で移転価格文書の明文化がなされるまでは，税務調査を受ける企業側としては，どのような資料を準備すればいいのか明確な規定の公表がありませんでした。そのため，移転価格調査の過程で調査官から多くの資料の提出を求められた場合，書類の不備や資料提出の遅れによる推定課税，シークレットコンパラブルによる課税を引き起こす可能性を排除することができませんでした。

● 平成22年度税制改正

　平成22年度税制改正により，移転価格調査において提出を求められる書類が法令上明確にされたため（措規22の10），書類を遅滞なく提示または提出した場合には，推定課税・シークレットコンパラブルによる課税を回避することができるようになりました。しかし，移転価格文書を作成していないことについての罰則規定は設けられておらず，義務化と呼ぶまでに至りませんでした。

● 平成28年度税制改正

　平成28年度税制改正において，「BEPSプロジェクト」に対応し，日本でも新たな移転価格文書化制度が創設されました。「BEPSプロジェクト」行動13の最終報告書では，マスターファイル・国別報告書・ローカルファイルからなる「三層構造の移転価格文書化」を多国籍企業グループに対して要請する新たな移転価格文書化規定が示されています。

移転価格税制に関する平成28年度税制改正

	国別報告事項 (国別報告書)	事業概況報告事項 (マスターファイル)	独立企業間価格を算定するために必要と認められる書類 (ローカルファイル)
適用時期	平成28年4月1日以後に開始する最終親会社の会計年度分 (※3月決算法人⇒平成29年3月期が初年度)	平成28年4月1日以後に開始する最終親会社の会計年度分 (※3月決算法人⇒平成29年3月期が初年度)	平成29年4月1日以後に開始する事業年度分 (※3月決算法人⇒平成30年3月期が初年度)
提供／作成期限	最終親会社の会計年度終了の日の翌日から1年以内に提供	最終親会社の会計年度終了の日の翌日から1年以内に提供	【同時文書化義務対象国外関連取引の場合】 確定申告書の提出期限までに作成 税務職員が求めた日から45日以内で税務職員が指定した日までに提出がなかったときは推定課税および同業者調査が可能とされる
提供／作成義務者	①多国籍企業グループの最終親会社または代理親会社である内国法人 ②【最終親会社または代理親会社の居住地国の税務当局から提供を受けることができないと認められる場合に限り⇒】 多国籍企業グループの構成会社等である内国法人 (①に該当するものを除く) または恒久的施設を有する外国法人	多国籍企業グループの構成会社等である内国法人または恒久的施設を有する外国法人 複数該当する場合には代表する1社のみの提供で足りるとされる	国外関連取引を行った法人
提供／保存方法	e-Taxにより税務署長に提供	e-Taxにより税務署長に提供	確定申告書の提出期限の翌日から7年間、国内事務所に保存
罰則等	正当な理由なく提供期限までに提供しない場合、30万円以下の罰金 (ただし情状によりその刑を免除することが可能とされる)	正当な理由なく提供期限までに提供しない場合、30万円以下の罰金 (ただし情状によりその刑を免除することが可能とされる)	推定課税および同業者調査が文書化の担保策とされる 税務職員が求めた場合、一定期間 (同時文書化義務対象の場合は45日／免除の場合は60日) 以内で税務職員が指定した日までに提出がなかったときは推定課税および同業者調査が可能とされる

34 移転価格文書化の効果
～課税回避，調査対応，リスクの事前把握・解消

● 課税回避

　移転価格の税務調査においては，企業の行ったグループ間取引の結果についての根拠が税務上求められることとなります。税務調査においてその根拠として，税務当局から「独立企業間価格を算定するために必要と認められる書類」（ローカルファイル）の提出を求められた場合，提出期限内に提出ができないと，推定課税・シークレットコンパラブルによる課税を引き起こす可能性が生じます。平成28年度の税制改正により，同時文書化義務の定められたグループ間取引については，義務化の範囲ですので注意と対応が必要です。

　また，これは同時文書化義務を免除されている取引においても同様で，調査で「ローカルファイルに相当する資料」の提出が要請された場合，要請後60日以内の指定された日までに提出できないと，推定課税等の対象になります。

　移転価格文書を準備することは，事前準備を行うことで，このような自動的に課税されるリスクを排除することになります。

● 移転価格調査への対応

　移転価格調査が行われる場合，調査官は法人税の確定申告書別表17(4)や有価証券報告書などの公表情報を事前に入手し，入念な下調べをしてきます。そのため，税務調査において，企業としての考え方，従来の取引慣行の合理性について調査過程において十分に主張・説明するためには，事前準備が必要となるものと思われます。

● 移転価格リスク事前把握・解消

　移転価格文書を作成する場合，作成の過程を通じて，これまで実務では見過ごされてくることの多かった，グループ内部の移転価格の問題点を把握し，移転価格調査を迎える前に準備することができます。

A：移転価格文書化の効果

B：課税回避

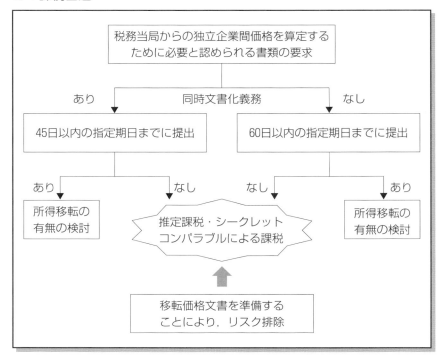

35 税務調査と移転価格文書化
～調査官主導による一方的な調査を回避

● 移転価格調査

　移転価格調査が行われる場合，調査官は法人税の確定申告書に添付された「国外関連者に関する明細書」（別表17(4)）や有価証券報告書などの公表情報を事前に入手し，課税を行うことを前提に入念な下調べをしています。

　特に別表17(4)は，移転価格上の問題があるかどうかを判断するための重要な情報が記載されているため，移転価格に関する情報申告といわれています。ここに記載がない場合には，おそらく移転価格の文書化の対応もできていないだろうという印象を持たれてしまうと思われます。

● 移転価格文書化

　事前に移転価格文書の作成を行っていない場合や，行っていても不十分である場合，形式的に書類が作成・保存されていても，課税当局に知られてはまずい事実が意図的に隠されているような場合には，調査に必要な情報が開示されておらず，実質的には書類が作成されているとは認めてもらえない可能性もあります。このような場合，移転価格調査の対応が後手に回り十分な反論ができないまま課税をされて，移転価格調査が終了してしまう可能性があります。

● その他移転価格調査でチェックされる書類

　移転価格文書のほか，下記のような書類も移転価格調査でチェックの対象になります。

- 海外出張記録
- 貿易関係書類
- PC作業履歴
- Eメール/FAX記録
- 技術援助契約
- 取引基本契約
- 海外送金リスト
- 事務所掌規程など

第3章　移転価格文書化の実務　75

A：同時文書化義務および資料提出期間

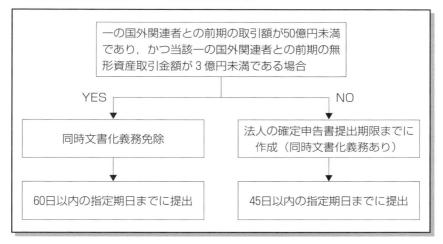

＊　平成29年4月1日以後に開始する事業年度分の法人税について適用。

B：その他移転価格調査でチェックされる書類

36 移転価格文書化と事前確認制度の関係
～文書化をしても残る移転価格課税リスクを回避

　移転価格文書化制度を遵守すれば，税務当局による推定課税や同業者調査を排除することができます。しかし，依然として作成された文書の内容が独立企業間価格に基づく範囲のものかどうかの税務当局による判定は行われていない段階にあるため，移転価格課税のリスクは残ります。これを回避するのが事前確認です。

● 移転価格課税リスク対策としての文書化と事前確認
　移転価格税制が適用されて税務当局の更正処分を受けた場合には，その追徴税額は通常，巨額になります。このようなリスクに対応して納税者がとれる対策として，移転価格文書化と事前確認が挙げられます。

● 文書化による移転価格課税リスクの軽減
　平成28年度の税制改正において，一定期日内の税務調査官が指定する日までに決められた移転価格文書を提出すれば，その文書化内容が適切であるとされる限り，税務調査が発生した段階においても税務当局の推定課税や同業者調査が回避可能となりました。この場合，税務当局が独自に入手した外部情報や同業者調査で得た情報に基づく更正処分は回避できますが，税務調査が発生しない段階においては企業サイドの自主的検討の域を越えないため，依然として移転価格課税リスクが残ります。

● 事前確認による移転価格課税リスクの回避
　26項のとおり，納税者は，事前確認において税務当局が確認を行った内容に基づき税務申告を行っている限り，確認対象とされた期間については，移転価格課税を受けません。よって，企業サイドの自主的検討である移転価格文書化では完全には排除できなかった移転価格課税リスクを回避することが可能です。

● 事前確認のメリットとデメリット
　事前確認には移転価格課税に関するこのような予測可能性と法的安定性を確保できるというメリットがある反面，①労力，コスト，時間がか

移転価格課税リスク対策

A：文書化と事前確認のメリット・デメリット

	移転価格文書化	事前確認
メリット	① 推定課税，同業者調査のリスクを排除できる。 ② 事前確認と比較して，労力，コスト，時間がかからない。	① 移転価格課税リスクを回避できる。 ② 相互協議を伴う事前確認（バイラテラルAPA）であれば，相手国における移転価格課税リスクも回避できる。
デメリット	文書化を行っても，税務当局による更正処分の可能性が残る。	① 労力，コスト，時間がかかる。 ② 文書化制度で要求されない情報も要求される可能性あり。 ③ 合意結果が納税者の意図に沿わない可能性あり。 ④ 国外関連取引のある外国関連会社所在地国の国税当局との相互協議を伴わない場合や，合意を得られない場合には，相手国における移転価格課税リスクが残る。 ⑤ 相互協議を伴わない事前確認（ユニラテラルAPA（図B））である場合には，相手国における移転価格課税リスクも回避できない。

B：バイラテラルAPAとユニラテラルAPA

事前確認 （APA）	ユニラテラルAPA	日本の税務当局に対してのみ事前確認
	バイラテラルAPA	日本と国外関連者所在地国の税務当局の両方に対して事前確認

* 相手国が事前確認に係る相互協議に長期間を有する国である場合や，合意に至る可能性が低い国である場合には，ユニラテラルAPAだけ行うか，最初から事前確認を行わず，移転価格文書化にとどめるか，選択することになる。

かる，②文書化制度で要求されない情報も要求される可能性がある，③申請した事前確認の内容に対する二国間の税務当局での合意結果が納税者の意図に沿わない可能性がある，などのデメリットもあります。

法人税の申告を行っていくうえで，不測の多額の課税を避け，また税務上の企業としてのコンプライアンスを上げるためにも，移転価格の文書化は必要となります。加えて，事前確認制度の利用の段階に進むことには，移転価格リスクを完全に排除する方向に進むというメリットもありますが，上図Aのようなデメリットも伴います。よってグループ全体としては，どのグループ間取引について事前確認の利用を検討するか，これらのメリットとデメリットも考え合わせて判断することになると思います。

37 日本の移転価格文書化制度
～OECDのBEPS行動計画13を踏まえて文書化制度を整備

　わが国では，OECDのBEPS（右図A）プロジェクトの勧告（行動計画13「多国籍企業情報の文書化」）を踏まえ，平成28年度税制改正により，租税特別措置法の一部が改正され，以下のように移転価格文書化制度が整備されました（右図B）。

● 多国籍企業グループが作成する文書
　直前会計年度の連結総収入金額1,000億円以上の多国籍グループ（特定多国籍企業グループ）の構成会社等である内国法人，および，恒久的施設を有する外国法人は，①最終親会社等届出事項，②国別報告事項（CbCレポート），および，③事業概況報告事項（マスターファイル）をe-Tax（国税電子申告・納税システム）で国税当局に提供しなければならないこととされました（平成28年4月1日以後に開始する最終親会計年度分より適用）。

● 国外関連取引を行った法人が作成する文書（ローカルファイル）
　一の国外関連者との取引について，①前事業年度の国外関連取引（右図C）が50億円以上，または，②前事業年度の無形資産取引（右図C）の合計金額が3億円以上である法人は，当該国外関連取引に係るローカルファイル（独立企業間価格を算定するために必要と認められる書類）を確定申告書の提出期限までに作成または取得し，提出期限の翌日から7年間，保存しなければならないこととされました（平成29年4月1日以後に開始する事業年度分の法人税について適用）。

　なお，当該同時文書化義務が免除された取引であっても，移転価格税制の対象となる取引であることには変わりなく，税務調査時に書類の提示，または，提出が求められる可能性があります。

A：BEPS（Base Erosion and Profit Shifting）とは？

BEPS（日本語訳：税源浸食と利益移転）とは，多国籍企業による，国際的な税制の隙間や抜け穴を不当に利用して，グローバルに租税負担を免れている問題をいいます。OECD（経済協力開発機構）は，その解決策を提示するためにBEPSプロジェクトを立ち上げ，15の行動計画を策定し，2015年（平成27年）10月5日，最終勧告を公表しました。

B：日本の移転価格文書化制度（多国籍企業情報の報告等に係る制度）
（平成28年度税制改正による租税特別措置法の一部改正）

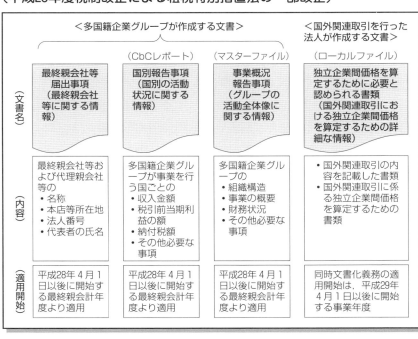

C：用語の定義

国外関連取引：法人が国外関連者との間で行う資産の販売，資産の購入，役務の提供その他の取引をいいます。
無形資産取引：特許権，実用新案権などの無形固定資産その他無形資産の譲渡，または，貸付け等をいいます。

多国籍企業グループが作成する文書
～最終親会社等届出事項，国別報告事項，マスターファイルの提供義務

　「特定多国籍企業グループ」（右図A）の構成会社である内国法人等は，以下の3つの文書をe-Taxで国税当局に提供する義務があります。当該文書については，届出または報告様式が定められており，国税庁HPにも掲載されています。

● 最終親会社等届出事項

　最終親会社等届出事項は，最終親会社等に関する情報を届け出るものです。国別報告事項と事業概況報告事項の提供義務者を確定させ，事務手続を円滑に行うために設けられたものと考えられます。

● 国別報告事項（CbCレポート）

　国別報告事項は，特定多国籍企業グループの構成会社の事業が行われる国，または，地域ごとの，収入金額，税引前当期利益の額，納付税額，その他必要な事項等，国別の活動状況に関する情報を英語で提供するものです。また，一定の書類の添付（英語）が求められています。

● 事業概況報告事項（マスターファイル）

　事業概況報告事項は，特定多国籍企業グループの組織構造，事業の概要，財務状況その他必要な事項等，グループの活動全体像に関する情報を提供するものです。当該文書は日本語，または，英語で提供することになっています。

● 注意点

- 税務当局は，上記3つの文書を，多国籍企業グループ内の移転価格リスクの存在の有無を評価するために使用します。
- 日本の税務当局に提供された国別報告事項のデータは，最終親会計年度終了の日の翌日から15か月以内（初年度は18か月以内）に，構成会社等の居住地国である外国の税務当局に情報交換により提供されます。

第3章 移転価格文書化の実務

A：特定多国籍企業グループ
（多国籍企業グループ：連結総収入金額1,000億円以上）

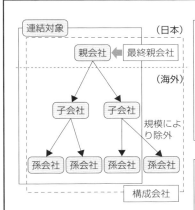

【特定多国籍企業グループ】

「多国籍企業グループ」の範囲は，適用される会計基準において，連結財務諸表を作成すべき企業集団（その連結財務諸表における連結親会社が他の連結財務諸表における連結子会社となる企業集団を除く）で，税務上の居住地国（恒久的施設，および，外国における恒久的施設に相当するものの所在地国を含む）が異なる2以上の会社等を含むものとする。
「特定多国籍企業グループ」とは，直前会計年度の連結総収入金額1,000億円以上の多国籍企業グループをいう。

【構成会社の範囲】

1. 適用される会計基準において，連結財務諸表に財産，および，損益の状況が連結して記載される会社等
2. 規模の重要性を理由として連結の範囲から除外される会社等

B：国別報告事項と事業概況報告事項

	国別報告事項（CbCレポート）	事業概況報告事項（マスターファイル）
提供義務者または作成義務者	以下の(1)または(2)に掲げるもの (1) 特定多国籍企業グループの最終親会社，または，代理親会社である内国法人 (2) 多国籍企業グループの構成会社等である内国法人または恒久的施設を有する外国法人（複数ある場合には，これらの法人を代表する1社のみ）	特定多国籍企業グループの構成会社である内国法人，または，恒久的施設を有する外国法人とする（複数ある場合には，これらの法人を代表する1社のみ）
提供または作成期限	最終親会社の会計年度終了の日の翌日から1年を経過する日までに提供	最終親会社の会計年度終了の日の翌日から1年を経過する日までに提供
提供方法または保存期間	e-Taxによる提供	e-Taxによる提供
提供義務または同時文書化義務免除	直前会計年度の連結総収入金額が1,000億円未満の多国籍企業グループは提供義務が免除される	直前会計年度の連結総収入金額が1,000億円未満の多国籍企業グループは提供義務が免除される
使用言語	英語	日本語，または，英語
適用時期	平成28年4月1日以後に開始する最終親会社の会計年度に係る国別報告事項について適用	平成28年4月1日以後に開始する最終親会社の会計年度に係る事業概況報告事項について適用

39 国外関連取引を行った法人が作成する文書
～同時文書化免除でもローカルファイル相当の書類作成は必要

　国外関連取引を行った法人は，ローカルファイルを確定申告書の作成期限までに作成または取得し，保存する必要があります（同時文書化義務）。同時文書化とは，法人税の申告に際し，同時に作成等を必要とされるという意味です。

● **ローカルファイルとは**

　ローカルファイルは，日本の税制上の正式名称を，「独立企業間価格を算定するために必要と認められる書類」といい，国外関連取引の内容を記載した書類，および，国外関連取引に係る独立企業間価格を算定するための書類等を含みます（措規22の10①各号に掲げる書類）。具体例としては，国税庁の多国籍企業情報の報告サイトにある，ローカルファイルの例示集（独立企業間価格を算定するために必要と認められる書類（ローカルファイル）作成に当たっての例示集）が参考になります。

　ローカルファイルは，税務調査が行われた場合に，国税当局が，独立企業原則の遵守状況を確認し，移転価格課税を行うかどうかを判断するために使用しますので，作成には注意が必要です。

● **ローカルファイルの同時文書化義務の免除**

　平成28年度税制改正では，ローカルファイルの同時文書化義務は，①一の国外関連者との間の前事業年度の取引金額（受払合計）が50億円未満，かつ，②一の国外関連者との間の前事業年度の無形資産取引金額（受払合計）が3億円未満である場合は，免除されます（同時文書化免除取引）。ただし，この場合であっても，もともと国外関連者との取引は移転価格税制の対象ですので，税務調査時に書類の提示，または，提出を求められる可能性があります（右図C）。提出期限を守らない場合には推定課税など（21・22項）の罰則がありますので要注意です。

● **移転価格文書化（ローカルファイル作成作業の流れ）**

　移転価格文書化（ローカルファイル作成作業）の主な流れは，右図D

A：ローカルファイル作成の意味

| 申告に際してのローカルファイルの作成の意味 | ---- | 申告の中に含まれる税制対象となる国外関連者との取引結果が適正であるとの証明。 |

B：ローカルファイルの概要

	ローカルファイル（独立企業間価格を算定するために必要と認められる書類）
作成義務者	国外関連取引を行った法人
作成等期限	法人の確定申告書の提出期限
保存期間	確定申告書の提出期限の翌日から7年間保存
同時文書化義務の免除	一の国外関連者との前期の取引金額が50億円未満であり，かつ，当該一の国外関連者との前期の無形資産取引金額が3億円未満である場合には，確定申告書の提出期限までの作成・保存義務（同時文書化義務）を免除
使用言語	指定なし（日本語以外で記載している場合は，日本語訳を求められる場合あり）
適用時期	平成29年4月1日以後に開始する事業年度

C：ローカルファイル等の提出期限

	同時文書化対象取引		同時文書化免除取引
文書の種類	① ローカルファイル（独立企業間価格算定に必要と認められる書類）	② 独立企業間価格算定に重要と認められる書類 a）ローカルファイルの基礎資料 b）ローカルファイルの関連資料	③ 独立企業間価格算定に重要と認められる書類 a）ローカルファイル相当資料 b）aの基礎資料 c）aの関連資料
申告期限までの作成義務	あり	なし	なし
提出期限	45日以内の税務調査官が指定する日	60日以内の税務調査官が指定する日	60日以内の税務調査官が指定する日

＊ 上記①～③の移転価格文書が，それぞれの提出期限までに提出されなかった場合には，税務当局は，推定課税（21項），同業者調査（22項）を行うことが可能。

D：移転価格文書化（ローカルファイル作成作業）の流れ

のように，事実分析⇒産業分析⇒機能分析⇒経済分析となっており，この過程を記述したものが移転価格文書となります。

40 移転価格文書化の具体的内容―事実分析
～国外関連取引に関する基本的な情報を記載する

● グループの概要
グループの概要では、グループの構成、事業の内容、会社の業績、従業員数などを簡潔に記載します。

● 事業の概要
事業の概要は産業分析もしくは市場分析とも呼ばれ、検証対象企業がどのような産業構造の中でビジネスをしているのか、競合他社の存在や位置づけについて記載します。また、業界全体としての特徴として挙げられるものがあれば記載します。

● 本分析の対象となる国外関連者
本分析の対象となる国外関連者では、移転価格分析の対象となる外国子会社の概要について記載します。つまり、外国子会社の所在地国、出資関係、活動内容、取扱製品、設立時期、設立当初より出資しているのか、買収してきた会社なのか、従業員数、主要取引先等を記載します。

● 取引の概要
取引の概要では、外国子会社とどのような取引をどの程度行っているのかを示すため、商流図を作成することが多いと思われます。

● 移転価格設定方針
移転価格設定方針では、外国子会社との取引価格をどのように決定するのかグループの方針（移転価格ポリシー）を定めたものになります。

グループ内で行われる移転価格税制の対象となる取引につき、通常の企業の実務では、国は異なってもグループ間では同様の取引を行うことは多い状況にあります。こうした類似取引ごとにどのような算定方法をグループとして採用するか、また、具体的計算に用いる利益の指標は何を使用することとするか等、グループ全体としての税制対象取引につき方針をまとめたものが内容となります。

記載例

Ⅱ. 事実分析
  2.1 Pグループの事業に関する概要
    2.1.1 Pグループの概要
          Pグループは…

    2.1.2 事業の概要
          …

  2.2 本分析の対象となる国外関連者

会社名	所在国	略称
P Americas, Ink	アメリカ	PUS
P 有限公司	中国	PCH
P Spain, S. A	スペイン	PSP

  2.3 PJ社及び国外関連者の概要
    2.3.1 PJ社の概要
          PJ社は日本に所在する…

    2.3.2 国外関連者の概要

子会社	所在国	事業概要
PUS	アメリカ	…
PCH	中国	…
PSP	スペイン	…

  2.4 国外関連者間取引の概要
    2.4.1 国外関連者間取引の商流図

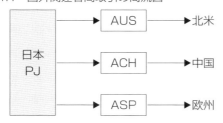

    2.4.2 価格設定方針
          …

41 移転価格文書化の具体的内容―機能リスク分析
～文書化上の重要なファクター

　移転価格の文書化においては、その特有の項目として、機能リスク分析という項目が設定されています。機能リスク分析では、事実分析により検証された情報に基づき、国外関連取引を行う法人ごとにそれぞれの果たす機能および負担するリスクを分析するとともに、国外関連取引に係る取引条件の詳細について確認をします。この機能リスク分析は、国外関連取引に係る当事者間の利益の配分のあり方や最適な独立企業間価格の算定方法を判断するための基礎とされるとともに、経済分析の際、比較対象会社の選定にあたっての指針にもなるため、文書化において非常に重要なパートといえます。

● 明確にすべき機能とリスク

　機能リスク分析にあたっては、国外関連取引を行う法人ごとに次のような機能とリスクの帰属先を明確にする必要があります。

① **機能リスク分析にあたり明確にすべき機能**
- 研究開発機能
- 製造機能
- 販売広告機能
- 物流機能
- 経営管理機能

② **機能リスク分析にあたり明確にすべきリスク**
- 販売リスク
- 在庫リスク
- 研究開発リスク
- 製造物責任リスク
- 為替リスク
- 信用リスク

機能リスク分析の例

項　目	A社	B社	C社
1．機能分析			
A）研究開発活動	XXX	—	—
B）調達活動	XX	X	—
C）製造活動	XX	XX	—
D）品質管理活動	XX	XX	—
E）原材料および製品在庫の管理および保管	XXX	—	—
F）販売・マーケティング活動	X	XXX	—
G）企業戦略	—	XXX	—
H）資金管理および財務報告	—	XXX	—
2．リスク分析			
A）在庫リスク	—	XX	XX
B）研究開発リスク	XXX	—	—
C）信用リスク	—	XXX	XXX
D）マーケットリスク	—	XXX	XXX
E）為替リスク	—	XXX	XXX
3．資産状況			
A）製造設備	—	XXX	XXX
B）製造技術および特許	XXX	—	—
C）商標	XXX	—	—

（注）　XXX →果たしている機能または負っているリスクが大きい
　　　　XX →果たしている機能または負っているリスクが中程度
　　　　X →果たしている機能または負っているリスクが小さい
　　　　— →機能を果たしていないまたはリスクを負っていない

● 機能リスク分析は契約条件ではなく取引の実態により判断

　機能やリスクの帰属について当事者間の契約条件に基づき判断すると事実と相違している可能性があります。機能リスク分析の際は，実態に基づき事実関係を正確に把握したうえで検討を行う必要があります。

42 移転価格文書化の具体的内容―経済分析①
~最も適切な算定方法の選定の流れとは

● 独立企業間価格算定方法の選定

独立企業間価格の算定方法の選定にあたっては，法令で定められている算定方法のうち，最も適切な算定方法を選択することになります。いわゆるベストメソッドルールです。納税者は，国外関連者との取引において，選定した方法が最も適切であるかを検討した過程や選定の理由等を移転価格文書に記載しておきます。

算定方法の検討においては，内部の非関連者取引（グループ内部での第三者との取引）および外部の非関連者取引（グループ外の第三者同士での取引）で比較可能な対象取引が存在するかを検討します。CUP法は独立企業間価格を直接的に算定することができる長所を有しているため，比較可能性が十分であれば選定することになります。

RP法，CP法，TNMMの検討においては，国外関連取引の当事者のどちらを検証対象とするか決定する必要がありますが，その際，果たしている機能が複雑でないほうを検証対象に選定するのが望ましいとされています。

各算定方法の長所および短所，国外関連取引の内容等に対する各算定方法の適合性，比較対象取引の選定に必要な情報の入手可能性，国外関連取引と非関連者間取引との類似性の程度（比較可能性）を考慮して判断することになります。

● 利益水準指標の選定

選定した独立企業間価格の算定方法において，複数の利益水準指標を選択することが可能な場合には，どの利益水準指標が最も適切であるかについて，検討した過程や結果を記載しておきます。

利益水準指標の選定においては，その利益率の分母となる金額については，関連取引と合理的に独立していなければならないとされています。つまり，分母となる金額に国外関連取引が含まれている指標（例えば，

A：ベストメソッドルール

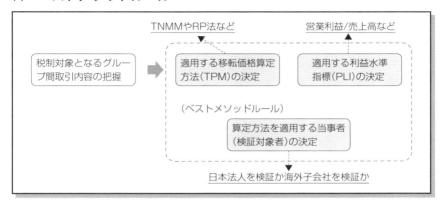

B：独立企業間価格算定方法の選定過程

項 目	内 容
CUP法	比較可能性を満たす取引を把握できず，比較可能なデータの入手が困難
RP法	比較可能性を満たす取引を把握できず，比較可能なデータの入手が困難
CP法	比較可能性を満たす取引を把握できず，比較可能なデータの入手が困難
PS法	独自の価値ある寄与を測定するような合理的な分割要因の把握が困難，また，両者の取引について，類似性の水準を満たす比較対象取引を見出すことが困難，事業活動に係る無形資産を保有しておらず，機能およびリスクも限定されていることから，適用できない
TNMM	他の独立企業間価格算定方法が適用できないことから，TNMMを最も適切な独立企業間価格算定方法として選定

C：独立企業間価格算定方法の適用

項 目	内 容
選定された独立企業間価格算定方法	最も適切な独立企業間価格算定方法としてTNMMを選定
利益水準指標	売上高営業利益率を利益水準指標として採用
比較対象会社の財務データ	「入手可能な直近事業年度（2015年○月期に対応する事業年度）を含む過去3事業年度分」の比較対象会社の損益情報を入手し，TNMM適用の際の独立企業間価格レンジの計算の基礎とする
独立企業間価格レンジの使用	比較対象会社の利益率の四分位上限値および四分位下限値を使用
複数年データの利用	比較対象会社の過去事業年度における加重平均値を使用

法人の国外関連者からの仕入による売上原価など）を選択することはできないことになります。選定においては留意する必要があります。

43 移転価格文書化の具体的内容—経済分析②
～独立企業間価格を算定するプロセスとは

● 比較対象取引の選定

　採用した独立企業間価格の算定方法や利益水準指標に従って，比較対象取引の選定を行い，移転価格文書にその選定過程を記載します。

　比較対象取引の選定では，独立した第三者の情報を公開されているデータから検索することになります。検索にあたっては，使用するデータベースの種類，検討対象とする法人の所在国，検索対象となる企業がいわゆる他企業により被支配の企業となっていないかどうか，検討対象とする取引と検討対象とする法人が製造業なのか販売業なのか等の事業の業種などにより比較対象企業の絞り込みを行います。さらには，取引規模や事業規模等の違いによる影響，機能の相違や価値ある無形資産の保有による影響，販売市場の違いによる影響，棚卸資産の保有状況の違いによる影響などを排除するために数値基準を用いた定量基準によるスクリーニングを行い，最後に事業戦略，取扱製品，事業を遂行するための機能などの類似性を確保するために事業活動内容の確認などの定性基準によるスクリーニング（比較対象取引の具体的選定）を行い，比較対象企業を選定します。

● 独立企業間価格レンジ

　比較対象取引の選定過程におけるスクリーニングにより10社程度に絞り込まれた比較対象企業について，通常は四分位法により独立企業間価格の範囲内としての利益率の幅（レンジ）を求めて，検証対象企業の利益率がそのレンジに収まっていることをもって，その取引が独立企業間価格に照らして適切であることを説明します。

　独立企業間価格レンジの算定にあたっては，景気や特殊事情による影響をできるだけ小さくする目的で3年から5年の複数年データを加重平均して使用するのが一般的です。また，異常値を排除する目的で上位四分位と下位四分位の間に収まるよう四分位レンジ（数値の散らばりの中

A:税務上適切とされる独立企業間レンジ

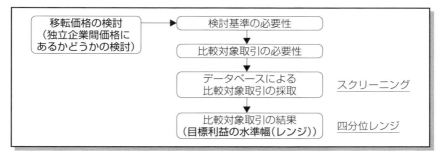

B:比較対象取引の選定過程

項　目	内　容
使用するデータベース	ビューロー・ヴァン・ダイク社のOrbis等のデータベース
所在地域による選定	タイ国を含むASEAN圏内
資本独立度による選定	50%を超える部分を直接および間接に所有する株主がいない企業を比較対象取引候補として選定 独立性指標：A+，A，A−，B+，B，B−等
産業分類コードによる選定	自動車部品製造業（SICコード3711，3714等）
定量的基準による選定	・3事業年度の財務データ入手可能性 ・過去2年連続して赤字である企業は除外 ・売上高規模の類似性：売上高700億円以下の企業 ・研究開発活動の重要性：研究開発費1億円以下の企業
定性的基準による選定	・事業および機能の類似性 ・取扱製品の類似性

C:独立企業間価格レンジ

売上高営業利益率					
事業年度		2013	2014	2015	3年加重平均
1	AA社	△△%	△△%	△△%	△△%
2	BB社	△△%	△△%	△△%	△△%
3	CC社	△△%	△△%	△△%	△△%
4	DD社	△△%	△△%	△△%	△△%
5	EE社	△△%	△△%	△△%	△△%
6	FF社	△△%	△△%	△△%	△△%
比較対象会社　四分位範囲（上限値)		△△%	△△%	△△%	△△%
比較対象会社　四分位範囲（中央値)		△△%	△△%	△△%	△△%
比較対象会社　四分位範囲（下限値)		△△%	△△%	△△%	△△%

の中央部分の50％の範囲）が使用されることが一般的です。

　このような比較対象取引の数値から独立企業間価格の幅としての利益率の幅（レンジ）を目標値として設定する方法は文書化において用いられるほか，事前確認の申請においても多く使用されています。

44 移転価格文書化とアップデート
～独立企業間価格レンジの更新とフルメンテナンス

● 移転価格税制の対象年度と文書化

　移転価格文書については，法人の申告において各事業年度において国外関連者との取引が行われている場合に，その国外関連取引が独立企業間価格に照らして適正であるかについて検証し，説明するための文書です。平成28年度税制改正においては，例えば棚卸資産の輸出取引が年間50億円以上の規模である場合など一定の取引規模のある法人については，確定申告書との同時文書化が義務化されました。そのため，各事業年度内に国外関連取引のある法人については，原則として，事業年度ごとに検証して文書化しておく必要があります。

● 移転価格文書のアップデート

　移転価格文書については，各事業年度の国外関連取引について検証を行うためのものであるため，事業年度ごとに事実分析，産業分析，国外関連者取引分析，機能リスク分析，経済分析等を行うことが求められます。国外関連者と新たな取引を開始したり，組織変更等により従来有する機能や負担するリスクが変化したり，また，市場や経済状況が大きく変化したりした場合など，各事業年度によって独立企業間価格の算定における前提が変わってしまう場合があります。そのため，原則，移転価格文書は各事業年度の状況にあわせて毎期作成することになりますが，国外関連者との取引内容や国外関連者の有する機能，負担するリスク等は必ずしも毎期変化するとは限りません。そのように国外関連取引の内容や機能リスク，市場や経済状況等に大きな変化が生じていないために移転価格の検証における前提が変わっていない事業年度においては，独立企業間価格算定方法や利益水準指標，比較対象取引の選定条件などの移転価格文書の大枠は前事業年度と同様のまま，比較対象取引の数値よりなる利益率の幅（レンジ）を直近の事業年度に合わせて数値データの更新をすることも，運用上は1つの合理的な方法といえるでしょう。

移転価格文書のメンテナンス

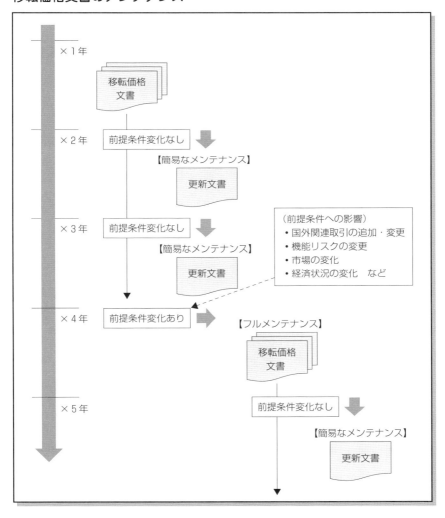

45 外国子会社の文書化対応
～文書の作成はいずれの国の法律に従うべきか？

　移転価格文書化規定においては，国別報告書，マスターファイル，ローカルファイルの3文書で構成される3層構造アプローチが導入されています。

　国別報告書とマスターファイルは，グループのグローバルビジネス全体の事実関係を開示する資料です。一方，ローカルファイルは，国別報告書やマスターファイルを補完する資料という位置づけであり，各海外関連会社や個別の取引に関する具体的な説明や移転価格分析の結果などを記載する必要があります。このうち，マスターファイルおよびローカルファイルについては，その作成義務などが各国の法令や手続を経て実施されることになります。わが国の法令上の基準と相違して外国子会社所在地国の免除基準が日本より低く定められた場合や適用時期や提出および作成期限が日本より早い場合，移転価格税制は二国間の税務リスクを問題とする税制であるため，実務上は要求基準の厳しいほうである外国子会社所在地国の基準に基づき作成することになります。

● 現地の文書化対応における留意点

　これまでの文書化は，一般的に，現地の税務当局の個別の要請に基づき現地子会社側で独自に行われてきたことも多かったため，税務当局に提出する文書については，日本の親会社自身の移転価格に対する方針や他国の関連会社との間における具体的な算定方法などに整合性が図られていないケースがありました。しかし，国別報告書，マスターファイルおよびローカルファイルの3層構造による移転価格文書を通じて，移転価格に関する重要な情報がグループ各社の所在地国の税務当局に開示されることになるため，3文書相互間の整合性の確保やすべての所在地国における税務当局に対するグループ全体としての一貫した情報提供が重要になります。

A：納税者に求められる文書化の変化

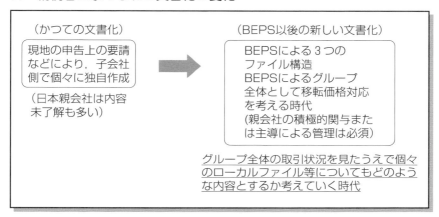

B：移転価格3文書間の整合性の確保

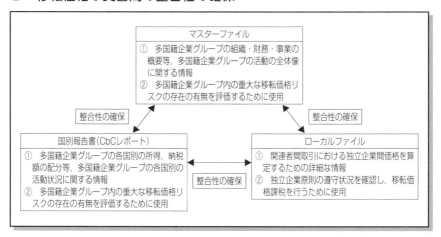

● 親会社による移転価格リスク管理

　親会社主導での一元的な文書化対応をしていない場合においては，移転価格リスク対応として，親会社によるグローバルでの文書化の管理体制を確立するとともに，各国の子会社の利益水準について整合性を確保しつつ合理的にコントロールして必要な調整を行う体制の構築が望まれます。

BEPSプロジェクトを踏まえて
移転価格文書化制度が進化

　世界の名だたる要人の租税回避行為をあからさまにした「パナマ文書」が，2016年（平成28年）4月に波紋を呼び，これに関して，「BEPS」という言葉が脚光を浴びることになりました。

　BEPSとは，Base Erosion and Profit Shiftingの略（日本語訳は「税源浸食と利益移転」）で，多国籍企業等が各国の税制の違いや租税条約等を利用して所得を軽課税国・無税国に移転し，グローバルに租税負担を免れていることをいいます。このBEPSに対応するために，OECD（経済協力開発機構）とG20は，「BEPSプロジェクト」と銘打って，パナマ文書発覚以前の2012年（平成24年）より，15項目の「行動」に関する加盟国への勧告を行っています。

　15項目のうち移転価格に関する「行動」は3項目。そのうち行動13「移転価格関連文書化の再検討」（現在では，「多国籍企業の企業情報の文書化」と改名）に関し，OECD/G20は，多国籍企業がグループ全体の財務情報や事業情報等を，「国別報告書（日本の税制では，「国別報告事項」）」，「マスターファイル」，「ローカルファイル」と呼ばれる共通様式に従って各税務当局に提供することを加盟各国に要請しました。

　これを受けて，日本では，平成28年度税制改正において，上記の文書が導入，または，整備されました。各国においても同様の税制改正が行われています。これらの文書から，各国の税務当局はグローバルな移転価格関連情報を広範に取得することが可能になります。

　かつては，移転価格調査といえば，主に大規模な上場企業に対して行われ，新聞紙上を賑わせてきました。しかし，近年では，調査対象は中堅企業にも及んでいます。今後は大規模な多国籍企業のみならず，グローバルにビジネスを展開する中堅企業も，移転価格文書化を含めた税務コンプライアンスを遵守し，移転価格調査に備えることが，重要な課題といえるでしょう。

第4章

移転価格税制の発動事例と対応策

46 棚卸資産の売買取引
～移転価格税制が発動される場合とは

● 発動事例

例えば、①高税率の日本の親会社Aが製品を製造し、低税率の外国子会社Bがこれを第三者に販売する場合で、AからBへの取引価格が安い場合や、②低税率の外国の親会社Aが製品を製造し、高税率の日本の子会社Bがこれを第三者に販売する場合で、AからBへの取引価格が高い場合、移転価格税制が発動される可能性があります。

● 必要な対応策

移転価格文書化により、推定課税・シークレットコンパラブルによる課税を避け、移転価格調査が調査官主導により一方的に行われることを避けることができます。文書化にあたっては、下記の点に留意する必要があります。

① 国外関連者および対象資産を明確に記載

棚卸資産取引に関連する国外関連者および取引の対象となっている資産が明らかとなるように記載します。

② 取引条件

取引条件については、取引通貨や輸出条件および支払条件等の経済分析に有用な情報を契約書等に基づいて記載します。

③ 商流図

取引対象となっている棚卸資産が最終消費者に販売されるまでの取引の流れについて、商流図（取引フロー図）等を用いてわかりやすく記載します。

④ 取引規模の記載

各取引について、売上高等の取引規模を記載します。

棚卸資産取引の例…その1

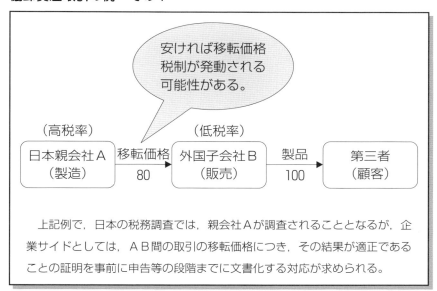

上記例で，日本の税務調査では，親会社Ａが調査されることとなるが，企業サイドとしては，ＡＢ間の取引の移転価格につき，その結果が適正であることの証明を事前に申告等の段階までに文書化する対応が求められる。

棚卸資産取引の例…その2

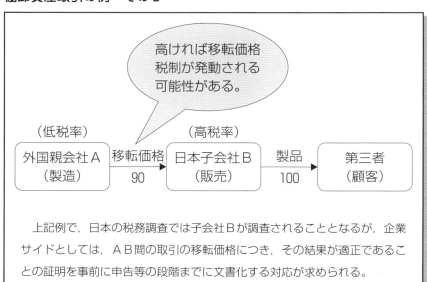

上記例で，日本の税務調査では子会社Ｂが調査されることとなるが，企業サイドとしては，ＡＢ間の取引の移転価格につき，その結果が適正であることの証明を事前に申告等の段階までに文書化する対応が求められる。

有形資産の貸借取引①
～独立企業間価格の算定方法が限定されることがある

　有形資産の貸借取引における賃貸料等に係る独立企業間価格の算定方法は，対象の有形資産の種類によって，「独立価格比準法と同等の方法」または「原価基準法と同等の方法」の２つのうち適用される方法が限定されることがあります。

● **各算定方法の適用の要件**

　有形資産の貸借取引における賃貸料等に係る独立企業間価格の算定方法の適用要件は，下記のとおりです（措通66の４(7)－２）。

① 　独立価格比準法と同等の方法：比較対象取引に係る資産が国外関連取引に係る資産と同種であり，かつ，比較対象取引に係る貸借時期，貸借期間，貸借期間中の資産の維持費用等の負担関係，転貸の可否等貸借の条件が国外関連取引と同様であること

② 　原価基準法と同等の方法：比較対象取引に係る資産が国外関連取引に係る資産と同種または類似であり，かつ，上記の貸借の条件と同様であること

　なお，比較対象取引を選定する際には，措通66の４(3)－３（比較対象取引の選定に当たって検討すべき諸要素等）において例示されている諸要素を検討することになります。

● **製造委託取引と当該資産の貸借取引を１つの取引とみなすケース**

　法人が製品等の製造委託先である国外関連者に対して機械設備等を貸与している場合には，当該製品等の製造委託取引と当該資産の貸借取引が一の取引として行われているものとして独立企業間価格を算定することができると定められています（措通66の４(7)－３）。

資産の種類別の算定方法

資産の種類	適用される算定方法	適用要件
ある程度の市場相場がある土地・建物に係る賃借料など	独立価格比準法と同等の方法(注1)	資産の同種性，取引条件の同様性
市場相場がない機械・設備に係る賃借料など	原価基準法と同等の方法(注2)	資産の同種または類似性，取引の同様性

(注1) 例外的に原価基準法と同等の方法を適用する際の留意点
　土地・建物などの資産の賃借料の設定は個別性が強く，たとえ同種と思われる物件であっても立地条件や構造上の相違などから相当の乖離が生じる場合もあります。
　よって，賃貸料相場の情報の把握が不十分な場合には，不動産鑑定士などの専門家を利用するなど慎重に検討することが必要となります。
　また，これらの資産に係る賃借料は，その設定と賃貸原価との間にあまり直接的な関連がないことが多いと思われるため，「原価基準法と同等の方法」を適用して独立企業間価格を算定することは適切ではない状況があります。当該方法を適用する場合には，措通66の4(7)-2に定められている同種または類似の要件を充足する必要があります。
(注2) 原価基準法と同等の方法を適用する場合の独立企業間価格の計算方法
　独立企業間価格＝総原価＋通常の利潤
(総原価の例示)
　a．減価償却費相当額
　b．維持・修繕費，固定資産税および火災保険料等相当額
　c．投下資本未回収額に係る金利相当額

有形資産の貸借取引②
~製造委託取引と製造設備の賃貸借取引を1つの取引とみなす具体例

　ある国外関連者に対する製品の製造委託取引とその製造設備の賃貸借取引を1つの取引とみなす場合には，取引単位営業利益法（TNMM）等により独立企業間価格を算定することがある。

● 具体例としてどのようなケースがあるか

　有形資産の貸借取引のみに着目して，その賃貸料が移転価格税制上の問題となるケースはあまり実務では見受けられませんが，賃借取引が関係して実務でも見受けられるケースとしては，法人が製品等の製造委託先である国外関連者に対して機械設備等を貸与している場合などがあります。

　その場合には，当該製品等の製造委託取引と当該製造設備の貸借取引が1つの取引として行われているものとして独立企業間価格を算定することができると定められています（措通66の4(7)-3）。

● 独立企業間価格をどのように算定すればよいか

　企業サイドにおいて申告等の段階までに文書化の対応を行う場合には，本来は別個の取引である，①機械設備等の貸与による「有形資産の貸借取引」より発生する国外関連者から法人への賃借料の支払取引と，②製品等の製造委託による「有形資産の国外関連者からの購入取引」とを密接に関連した「一体の取引」として，製造委託等による国外関連者の獲得すべき適正な利益水準を取引単位営業利益法（TNMM）等により算定し，法人と国外関連者の取引全体から発生する利益の配分を決めていく方法等が採用されるのが一般的な文書化の内容として行われています。

独立企業間価格の算定方法の考え方

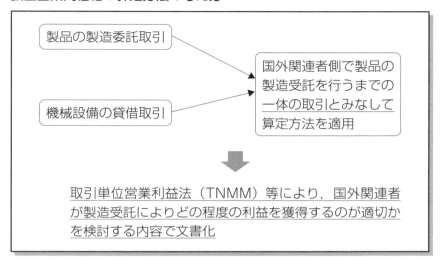

49 無形資産の使用許諾取引または譲渡取引①
～移転価格税制における無形資産取引の重要性

　日本企業の海外進出により現地に製造・販売拠点としての国外関連者を設立するケースが増加する中，日本企業とその国外関連者との間におけるノウハウや技術等の移転の無形資産取引が所得の源泉として，税務当局に注目されています。この場合には，単に有形資産の輸出取引等により発生する利益を日本企業と国外関連者でどう分け合うかというケースから，ノウハウや技術の移転により追加的に発生する利益（ノウハウや技術の移転による対価の評価）も含み，日本企業と国外関連者でどのように発生した利益を分け合うかという移転価格の問題に発展していくこととなります。

● **移転価格税制上の無形資産とは？**

　無形資産とは，企業の所得に貢献する重要な価値を有する資産で有形資産以外のものをいい，また，他の企業が有していない重要で独自の無形資産も含みます。措通66の4(3)－3の注書きにおいて，「著作権，法人税基本通達20－1－21に定める工業所有権等のほか，顧客リスト，販売網の重要な価値のあるものをいう。」と規定されています。

● **無形資産取引の態様**

　移転価格税制の対象となる無形資産取引としては，無形資産に係る使用許諾取引と譲渡取引があります。

① **無形資産の使用許諾取引**

　法人またはその国外関連者のいずれか一方が保有する無形資産を他方が使用している場合において，対価として使用料を無形資産の保有者に支払う取引をいいます。なお，当事者間において，その使用に関する取決めがないときは，譲渡があったと認められる場合を除いて無形資産の使用許諾取引があるものとして扱われます。

② **無形資産の譲渡取引**

　法人またはその国外関連者のいずれか一方が保有する無形資産につい

無形資産に係る定義の比較

措置法通達（法令解釈通達）66の4(3)-3	OECD移転価格ガイドライン	米国財務省規則 §1.482-4(b)
・著作権（出版権及び著作隣接権その他これに準ずるものを含む。） ・許権，実用新案権，意匠権，商標権 ・特許権，実用新案権，意匠権及び商標権の実施権等 ・生産その他業務に関し繰り返し使用し得るまでに形成された創作（独自の考案又は方法を用いた生産についての方式，これに準じる秘けつ，秘伝その他特別に技術的価値を有する知識及び意匠等をいい，ノウハウや機械，設備等の設計及び図面等に化体された生産方式，デザインを含む。） ・法人税法施行令第13条第8号（減価償却資産の範囲）に規定する無形固定資産（特許権，実用新案権，意匠権，商標権を除く。） ・顧客リスト，販売網 ・上記のほか，重要な価値のあるもの	（パラグラフ6.2） ・特許，商標，商号，意匠，形式 ・文学上・芸術上の財産権，ノウハウ，企業秘密 （パラグラフ6.3） ・コンピュータソフトウェア （パラグラフ6.4） ・マーケティング上の無形資産（商標，商号，顧客リスト，販売網，重要な宣伝価値を有するユニークな名称・記号・写真） （パラグラフ6.5） ・ノウハウや企業秘密は商業上の活動を助け，又は向上させる財産としての情報又は知識である。 ・ノウハウは経験から得られるものであり，製造者が単なる製品の検査や技術の進歩に関する知識から知ることができないものを意味する。 ・ノウハウは特許権によりカバーされない秘密工程，秘密方式及び産業上，商業上又は学術上の経験に関するその他の秘密情報を含むかもしれない。	無形資産とは以下のものを含み，かつ，個人の役務とは関係なく重要な価値を有する資産をいう。 ・特許，発明，方式，工程，意匠，様式，ノウハウ ・著作権，文学作品，音楽作品，芸術作品 ・商標，商号，ブランドネーム ・一手販売権，ライセンス，契約 ・方法，プログラム，システム，手続，キャンペーン，調査，研究，予測，見積り，顧客リスト，技術データ ・その他の類似項目（あるものの価値がその物理的属性でなく，その知的内容又は他の無形資産から派生している場合，上記の各項目に類似しているとみなされる。）

（注）上記の比較表は，無形資産の定義項目等を分かりやすく羅列したものであり，各規定の内容をそのまま引用したものではない。

（出典：国税庁「移転価格税制の適用に当たっての参考事例集の事例10」53頁）

て，無形資産の売却や現物出資などの方法により，他方に対して所有権の引渡しが生ずる取引をいいます。無形資産の譲渡においては，取引時の無形資産の時価（価格）が問題となります。

50 無形資産の使用許諾取引または譲渡取引②
～無形資産取引を含んだ取引の文書化例

　実務でよく発生し，移転価格の文書化でもよく行われている無形資産取引を含んだ取引の文書化例として，次のような例が挙げられます。

● 移転価格税制の対象取引例

　日本企業が，東南アジア等に国外関連者としての製造拠点（工場）を設立し，部品等を供給して，製造の技術を移転，生産された完成品の製品をA国等の周辺国の第三者にそのまま販売する商流を作るようなケースでは，移転価格税制の対象となる取引は，①部品の日本企業から国外関連者Aへの輸出取引，②技術の移転を国外関連者Aに行い，当該技術の使用によりAが生産を行い第三者に販売することに伴う技術の使用料（ロイヤルティ）の支払取引（無形資産の使用許諾取引による支払取引）の2つとなります。

● 移転価格税制の文書化例

　移転価格税制の文書化をこのようなケースについて行う場合には，本来は，①は有形資産の販売取引であり，②は無形資産の使用許諾取引で別個の取引となりますが，必要な部品供給を行い，国外関連者側において移転された技術を使用して完成品を生産・販売する過程までの一連の取引となるので，①と②を一体の取引とみなして，取引単位営業利益法（TNMM）等により，国外関連者Aがこれらの一連の取引よりどの程度の利益を獲得すべきか評価することとなります。その結果，国外関連者Aに配分される利益以外の利益については，部品輸出販売を行い，また技術の移転による使用許諾を行った日本企業が獲得すべき利益として，日本企業側に配分されることとなります。

　移転価格の文書化では，国外関連者Aの適切な利益の水準をレンジで評価しますので，このレンジの中に工場としての国外関連者の実績が入るかどうかを結論とすることになります。

国外関連者が製造業の場合の国外関連取引フロー例

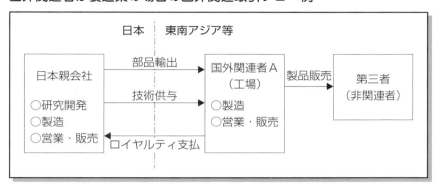

金銭の貸借取引
～国外関連者への貸付けの際の金利設定に注意が必要

● グループ会社間での金銭消費貸借

　国外関連者との間で融資が行われた場合には，その融資に対して適正な金利水準で利息の授受を行う必要があります。

　例えば，海外子会社を設立する際には，設立当初に親会社から資金を貸し付けることがよくあります。また，子会社の事業が軌道に乗るまでの間や事業を拡大していくような場合にも，資金調達を親会社の借入れで賄う場合がよくあります。そのような親会社を含むグループ内での金銭の貸借取引については，金利の設定にあたって独立企業間価格で行う必要があります。

● 比較対象取引の検討

　独立企業間価格の算定方法の選定にあたっては，国外関連取引と比較可能な非関連者との取引を検討します。収集できる情報に基づいて，貸付通貨，貸付期間，貸付金利，返済条件等を比較して，比較可能な非関連者との取引を見出すことができるか検討します。比較可能な非関連者との取引が見出せない場合には，市場価格等の客観的かつ現実的な指標を入手することができるのであれば，そのような取引を比較対象取引として独立企業間価格を算定することになります。

　独立企業間価格の算定方法の検討においては，一般の事業法人のように金銭の貸付け等を業としない法人であれば，右図のような方法を検討することになります。

　例えば，国外関連者と比較可能な非関連者との取引が見出せない場合に，貸手や借手の主要取引銀行からスプレッド情報が入手可能であれば，基本三法に準ずる方法と同等の方法として，スプレッドに国債の金利や金利スワップレートを用いて算定することも合理的な算定方法の１つになります。

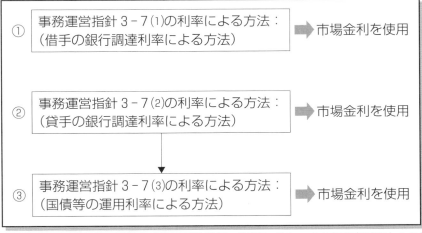

(出典：国税庁「移転価格税制の適用に当たっての参考事例集」より)

52 役務提供取引
~技術者の派遣等など海外子会社に対する役務提供に注意

● 海外子会社に対する支援

　法人が海外子会社を設立した際には，立上げ当初に親会社からさまざまな部署の従業員が支援を行うことがあります。それらの支援の内容について，親会社の支援がなければ自ら行うべきものであり，非関連者から提供されるときに対価を支払うような内容である場合には，独立企業間原則に基づき海外子会社への役務提供取引に該当するため，独立企業間価格により対価を請求する必要があります。

　独立企業間価格の算定にあたっては，最も適切な方法を選択することになりますが，親会社が役務提供を本来の事業とするものではなく，本来の業務に付随して行われる役務提供である場合（例えば親会社が製造業のメーカーであり，製品の製造と販売が本業であり，海外子会社に工場立上げのために技術者の派遣により一定の役務を提供する場合など）には，原価基準法に準ずる方法と同等の方法を検討することになります（右図表参照）。

● グループ内役務提供

　親会社やグループ会社に海外を支援する部署やグループの業務を取りまとめて行う部署等を事業効率化の必要等から設けている場合には，その支援活動は，グループ内役務提供取引として対価を請求する必要があります。例えば，予算管理や会計および税務に関する事項，情報通信システムの運用や保守管理，人事関連業務などがそれらに該当します。

　なお，親会社から海外子会社に対して行う支援が，専ら自らのために行う株主としての法令上の権利の行使または義務の履行に係る活動であると認められる場合には，それらに係る支援については対価を請求する必要はありません。

役務提供取引

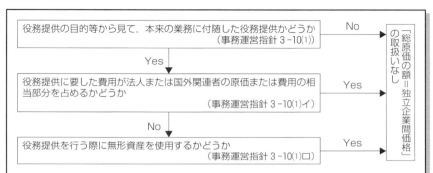

要件	業務の内容	具体的な業務の例示または留意事項等
イ 役務の内容が次に掲げる業務のいずれかに該当すること	イ 予算の作成または管理	・国外関連者の年間予算、事業計画等の作成に必要な資料の取りまとめ ・国外関連者の年間予算の執行状況等のチェック
	ロ 会計、税務または法務	・国外関連者の財務諸表の作成に必要な会計記録等のチェック ・国外関連者の税務申告書の作成 ・報告書の提出、許認可等に係る法令の規定に対する国外関連者の遵守状況のチェック
	ハ 債権の管理または回収	・国外関連者の売掛残高の管理 ・国外関連者が発行する請求書の作成 ・国外関連者の売掛金に係る回収業務 ・国外関連者の顧客に対する支払の督促 ・国外関連者の顧客に係る信用情報等の収集および分析
	ニ 情報通信システムの運用、保守または管理	・国外関連者の情報通信システムの運用に係る技術的な問題、質問等への対応 ・国外関連者の情報通信システムの維持・点検等
	ホ キャッシュフローまたは支払能力の管理	・国外関連者の資金繰りの管理 ・国外関連者の買掛残高の管理 ・国外関連者の買掛金に係る支払業務
	ヘ 資金の運用または調達(事務処理上の手続に限る)	・国外関連者の銀行口座等の管理
	ト 従業員の雇用、配置または教育	・国外関連者の求人活動に係る広告の制作 ・国外関連者の従業員の採用、配置等に係る人事関連業務 ・国外関連者の新規採用計画の作成・実施、新規採用者等に対する研修(研修計画の作成・実施を含む)等
	チ 従業員の給与、保険等に関する事務	・国外関連者の従業員の給与に係る計算、支給および帳簿記入(従業員の健康保険や年金等に係る事務処理を含む)
	リ 広告宣伝(マーケティングに係る支援を除く)	・国外関連者のホームページの制作
	ヌ その他一般事務管理	・国外関連者が取り扱う各種データの入力作業 ・国外関連者が取り扱う文書・電子情報の整理および備品等の管理

(出典:国税庁「移転価格税制の適用に当たっての参考事例集」より)

53 費用分担契約（コストシェアリング契約）
~源泉所得税の問題を回避できるが，費用分担は移転価格税制の対象

　海外子会社に研究開発機能の一部を移管し，親会社・子会社それぞれが費用を分担する際，費用分担契約（コストシェアリング契約）が結ばれるケースがあります。この場合，契約に参加した各法人は権利者となり，権利使用によるロイヤルティ授受が不要のため源泉所得税の問題が回避できますが，費用の分担および成果物である無形資産の持分の取得は国外関連取引に該当し，移転価格税制の対象となります。

● 費用分担契約とは

　無形資産を開発する等の共通の目的を有する参加者間で，研究開発費用を予測便益割合により分担する契約を費用分担契約（コストシェアリング契約）といいます。近年，日本企業が研究開発機能の一部を海外子会社に移管し，親会社と子会社それぞれが費用を分担して，この費用分担契約を締結するケースが見受けられます。

● 費用分担契約の長所

　費用分担契約においては，各契約参加者が開発された無形資産について特定の権利を得ますので，企業間でロイヤルティの授受が不要です。よって，親会社・子会社間の源泉所得税の問題が回避できます。また，無形資産の開発に際して，他社からの資金供与を受けられるため，開発に係る費用とリスクの軽減ができるというメリットがあります。

● 移転価格調査における注意点

　海外子会社との間で締結した費用分担契約に基づく費用の分担，および，成果物である無形資産の持分の取得は，分担することとなる費用とそれに見合う持分の取得であるかどうかが課題となるため，国外関連取引に該当し，移転価格税制の対象となります。費用分担契約においては，費用負担の割合が実現した便益の割合に比べて過大であると認められる場合には，過大となった部分の費用負担額は独立企業間価格を超えるものとして損金算入されないことに注意が必要です。税務当局の移転価格

A：費用分担契約に係る税務調査官のチェックポイント

① 研究開発等の活動の範囲が明確に定められているか。また，その内容が具体的かつ詳細に定められているか。
② 研究開発等の活動から生ずる成果を自ら使用するなど，すべての参加者が直接的に便益を享受することが見込まれているか。
③ 各参加者が分担すべき費用の額は，研究開発等の活動に要した費用の合計額を，適正に見積もった予測便益割合に基づいて配分することにより，決定されているか。
④ 予測便益を直接的に見積もることが困難である場合，予測便益の算定に，各参加者が享受する研究開発等の活動から生ずる成果から得る便益の程度を推測するに足りる合理的な基準（売上高，売上総利益，営業利益，製造または販売の数量等）が用いられているか。
⑤ 予測便益割合は，その算定の基礎となった基準の変動に応じて見直されているか。
⑥ 予測便益割合と実現便益割合（研究開発等の活動から生じた成果によって各参加者において増加した収益または減少した費用（以下「実現便益」という）の各参加者の実現便益の合計額に対する割合をいう）とが著しく乖離している場合に，各参加者の予測便益の見積りが適正であったかどうかについての検討が行われているか。
⑦ 新規加入または脱退があった場合，それまでの研究開発等の活動を通じて形成された無形資産等がある場合には，その加入または脱退が生じた時点でその無形資産等の価値を評価し，その無形資産等に対する持分の適正な対価の授受が行われているか。

(出典：移転価格事務運営要領3－16)

B：コストシェアリング契約（グループ内契約）

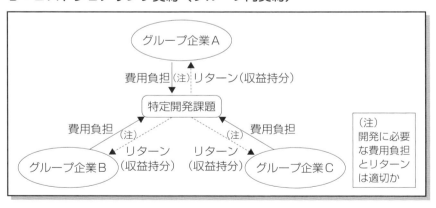

調査では，上図Aのような点に留意のうえ，費用分担額等の適否が検討されます。

シークレットコンパラブルは適法？

　国際的な租税回避行為について新聞紙上等でも大きな話題となっています。わが国の税務当局も移転価格税制の適用に積極的な姿勢を見せている中，平成28年度の税制改正において同時文書化制度に関する法律が施行されることになりました。移転価格調査では，いったん課税処分が行われると，その追徴税額は巨額となる傾向にあるため，規模の大小を問わず海外進出を行っている企業は，移転価格税制に基づく課税リスクについて事前に検証を行う必要があるといえます。

　移転価格調査では，納税者自身の検証に加え，一定の場合に税務当局による同種の事業を営む比較対象企業に対する質問検査が認められています。この比較対象企業への質問検査権については，原則として，納税者が税務当局に対して，法令に規定されている書類等を所定の期限までに提示または提出しなかった場合に認められます。そして，税務当局は，比較対象企業への質問検査により収集した情報に基づき課税処分を行うことができることになっていますが，基本的には，その課税処分の根拠となった比較対象企業の情報は収集先の企業の情報の保護の必要から非公開です。このような課税処分はシークレットコンパラブルによる課税と呼ばれています。

　シークレットコンパラブルによる課税の場合，税務当局における守秘義務により課税根拠となる情報の開示が十分に行われないため，納税者にとって課税内容の吟味ができないとともに，恣意的な課税が行われる可能性があることが指摘され，一部ではシークレットコンパラブルによる課税処分の違法性まで議論されています。

　諸外国においては，シークレットコンパラブルによる課税処分につき，わが国のように容認している国ばかりでなく，容認していない国や容認しているもののその適用については極めて限定的な扱いをしている国があります。税務当局に対しては，申告納税制度のもと，納税者との信頼関係を損なうことのないよう，税務行政の執行が望まれます。

第5章

外国の移転価格税制事情

アメリカの移転価格税制の概要
~収入8億5,000万ドル以上で国別報告書を提出

　アメリカの移転価格税制の基礎は1920年代まで遡りますが、1954年の米国歳入法482条（Internal Revenue Code "IRC" section 482）として条文化されました。その後、詳細な独立企業間における価格算定方法に関する米国財務省施行規則（Treasury regulations）等が定められ、数次の改正を経て現在に至っています。

● 対象となる取引と移転価格算定方法

　アメリカ移転価格税制では、国外関連者間の取引が対象となりますが、関連者を「同一の支配下にある事業、団体、法人等」と定めているのみで具体的な規定はなく、実質的支配基準を採用しています。移転価格税制の対象には物品の販売のみならず、金品の貸借、無形資産の取引、役務の提供等が含まれます。具体的な移転価格算定方法として、現在では、有形資産取引については6種類の算定方法(注1)が認められており、無形資産の取引、また役務提供取引については別途、算定方法が規定されています。移転価格算定方法に優先順位はなくいわゆる「ベストメソッドルール」を採用しています。

● ペナルティ条項

　移転価格ペナルティには、取引ペナルティとネット調整ペナルティがありますが、移転価格の税務調査の結果、価格更正や収入額の変動額や変動率に応じて追徴税額の20％、あるいは40％のペナルティが課されることがあります。ただし、「ベストメソッドルール」に基づき、同時的文書化を行っており、税務当局からの情報提出要求があった場合に、30日以内に必要書類を提出することで当該ペナルティが免除されます。

● 最近のアメリカ移転価格税制の改正

　アメリカの移転価格税制はOECDのBEPSプロジェクトによる一連の行動指針、実施指針の公表を受け、2016年6月に「国別報告」に関する最終規則を公表しました。本最終規則では、企業グループの直近の収入

アメリカにおけるOECD「国別報告」に関する対応

| 2015 || 2016 ||
2015年10月	2015年12月	2016年6月	2016年12月
OCEDがBEPSプロジェクトの移転価格文書化および国別報告（アクション13）に関する2015年最終報告を公表	米国内国歳入庁（IRS）が国別報告に関する規則案を公表	IRSが国別報告に関する最終規則を公表	OECDが国別報告の実施に関するガイダンスを公表

アメリカ移転価格税制における同時文書化と国別報告の関連図

マスターファイル（Master File）	ローカルファイル（Local File）
多国籍企業グループの組織概要，事業活動内容，財務状況等を概観することのできるハイレベルな情報。その中には，多国籍グループが事業活動を展開する国や地域との間で締結した移転価格方針や移転価格の合意を含みます。	多国籍グループに属する各企業の所在国での事業活動内容，関連者との取引内容，資本関係，対象となる関連者の概要，機能リスク分析，米国移転価格税制の概観，移転価格算定方法の概観，同時文書化やペナルティについての概要，最適方法の選定，経済・法律分析，比較対象企業の選定方法，利益率のレンジ設定方法，利益率の各種調整等に関する詳細な分析を報告します。
国別報告書（Country-by-Country Report）[注2]	
多国籍企業グループの国別，各企業別の所得，収益，法人所得税額，資本金，累積所得，従業員，資産等のハイレベルな情報を表形式で報告します。	

が8億5,000万ドル以上の場合，2016年6月30日以降に開始する事業年度より，米国最終親会社がグループ全体の詳細な国別報告書を作成し，米国税務当局に提出することが義務づけられました。

（注1） 独立価格比準法，再販売価格基準法，原価基準法，利益比較法，利益分割法およびその他状況に応じた最適方法（財務省規則1.482-3(a)）。
（注2） IRSは国別報告に関する最終規則を公表（2016年6月）(https://www.irs.gov/irb/2016-29_IRB/ar05.html)。

アメリカの移転価格税制の執行状況
～執行体制の充実と透明性の確保を目指して

アメリカの移転価格税制の執行は、米国財務省の外局に当たる米国内国歳入庁（Internal Revenue Service：IRS）の大規模事業・国際部門（Large Business & International Division：LB&I）が担当しています(注1)。

● 最近の移転価格調査の動向

IRSは近年、国際間取引の量的・質的な重要性に鑑み、効率的・適正な調査を念頭に組織改革、人的資源の確保、調査方法の見直しを行ってきており、移転価格調査や相互協議手続および事前確認（Advance Pricing Agreement：APA）に関する指針等を相次いで公表しています。2014年に公表された移転価格調査ロードマップ(注2)は、納税者との協力によって、移転価格調査の適正で効率的な執行、調査の透明性の確保、納税者の予見可能性に資することを目的としています。具体的には、移転価格調査期間を24か月程度として段階的、時系列の工程表を提示しその期間を3段階（プランニング段階、執行段階、問題解明段階）に分けて事案の効率的な処理を図っています。さらに2016年5月にはIRSは新たな指針(注3)を公表し、移転価格調査官と納税者の協力関係や透明性を確保し、効率的、適正な調査を実現するとしています。

● 相互協議手続およびAPAに関するガイダンス

IRSは、租税条約に基づく相互協議手続およびAPAに関する税務執行についても、相互協議プログラムやAPA手続の明確化、効率化、透明性の向上、さらに納税者との協力関係の推進を目的としてガイダンスや歳入手続を公表してきています(注4)。移転価格事案が増加する中で、国際税務問題の解決を図る制度として相互協議手続やAPAを積極的に活用することをIRSも推奨しています。取扱事案についても、納税者による自主的な移転価格調整によって二重課税が生じるケースなどにも拡大が図られています。さらにAPA申請前の事前相談メモランダムの提出、相互協議申立てやAPA申請時の資料リスト提示時期の早期化、促

アメリカ内国歳入庁（IRS）大規模事業・国際部門（LB&I）の組織図（略図）

（出典：IRSのLB&I部門の紹介ページより作成（https://www.irs.gov/pub/irs-utl/lbiorgchart.pdf））

アメリカ移転価格調査ロードマップ（移転価格調査プロセス）

（出典：移転価格調査ロードマップ所収の時系列表より作成）

進相互協議や簡易APAの導入による納税者の負担軽減，期間の短縮化も視野に入れた制度設計となっており，今後納税者からのより多くの利用が期待されています。

（注1） LB&I部門は1,000万ドルを超える資産を有する法人，S法人やパートナーシップを対象としており，複数ある部署の中で条約および移転価格の専門部署が移転価格，条約，事前確認（APA）および相互協議に関する執行を担当しています。
（注2） 2014年2月公表（https://www.irs.gov/pub/irs-utl/FinalTrfPrcRoadMap.pdf）
（注3） パブリケーション 5125：(https://www.irs.gov/pub/irs-pdf/p5125.pdf；https://www.irs.gov/businesses/corporations/large-business-and-international-examination-process)
（注4） 歳入手続2015-40（https://www.irs.gov/pub/irs-drop/rp-15-40.pdf）；歳入手続2015-41（https://www.irs.gov/pub/irs-drop/rp-15-41.pdf）参照。

56 アメリカのコーポレートインバージョン規制と過少資本税制
～国際的租税回避に対する規制の強化

　アメリカの法人所得税の実効税率は40％を超え、世界で最も税率の高い国の1つでしょう。アメリカでは歴史的にも多国籍企業を中心に積極的な節税対策、税務プランニングの実行が企業経営において重要な位置づけを与えられてきました。近年、アメリカ多国籍企業によるアイルランド、ルクセンブルク、オランダといった低税率国や税制上の優遇措置のある国を利用した租税回避あるいは過度の節税問題、またパナマ文書の公開も報道される中で、多国籍企業に対する批判がアメリカでも増大してきています。こうした状況下でIRSは2016年にコーポレートインバージョン対策税制[注1]、過少資本税制に関する規則[注2]を公表しました。

　コーポレートインバージョン（以下、「インバージョン」という）はM&Aの手法を用いて米国多国籍グループを低課税国にある外国法人の子会社とする取引です[注3]。インバージョン取引は、経営戦略上は、グループ全体の規模の拡大による競争力強化に主眼が置かれていますが、同時に高課税国であるアメリカの課税を回避あるいは軽減を図るという効果も指摘されています。最近のインバージョン取引の多くは、後者の税務上のメリットを享受することを念頭に置いたものと考えられます。

　今回IRSが公表したインバージョン対策税制および過少資本税制に関する規則は、過去に公表した通知（Notice）の規制に加え、インバージョン後の持分比率計算を厳格化するなどの措置を講じて、節税目的の取引に対して厳しい姿勢をとっています。また過少資本税制におけるアーニングス・ストリッピング（利益の剥奪）対策規制として、関連会社の米国における負債（貸付け）を増加させる取引に着目し、IRSに一定の債務証券を負債と資本に二分化することを許容し（二分化ルール）、さらに関連者負債について同時文書化を要求しています[注4]。このようなIRSの強い姿勢が、米国の大手製薬会社のファイザーによるアイルラ

インバージョン取引の図解例
インバージョン前のストラクチャー

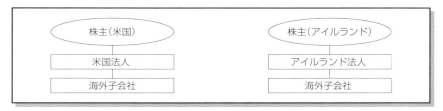

インバージョン後のストラクチャー

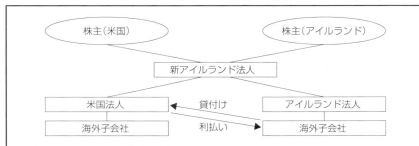

- 新アイルランド法人設立
- アイルランド法人の株主は新アイルランド法人株式を組織再編等取引によって通常持株比率20%超取得
- 米国法人の株主は新アイルランド法人株式を組織再編等取引により通常持株比率80%未満取得
- 米国法人とグループ海外子会社との貸付け・利払い取引

ンド法人のアラガンの買収取引を断念させたともいわれています。

(注1) 内国歳入法7874条コーポレートインバージョン暫定規則（2016年4月公表）(https://www.irs.gov/irb/2016-20_IRB/ar05.html)
(注2) 内国歳入法385条規則案（2016年4月公表）(https://www.irs.gov/irb/2016-17_IRB/ar07.html)
(注3) 上図「インバージョン取引の図解例」を参照。この例では，米国法人を新たに設立したアイルランド法人の子会社としています。
(注4) 2016年10月に公表された内国歳入法385条の最終規則では，二分化ルールは不採用，また同時文書化ルールもその範囲が縮小されています。

57 ドイツの移転価格税制の概要
～英語文書は部分的にドイツ語訳を求められることも

　ドイツの移転価格税制度は，原則的にOECDが公布したいわゆる「OECD移転価格ガイドライン」に従っています。OECD移転価格ガイドラインの諸原則はドイツの対外税法1条に基本概念となる独立企業間原則が盛り込まれています。移転価格税制については法人税，所得税のほかに財務省の発布している法令に規定され，ドイツ連邦財務省は，税務当局を拘束する実務指針を公開することにより，納税者にとって税務調査の対応に活用できる情報を提供しています。

● 移転価格税制の対象

　移転価格税制は，対外税法1条2項の「支配力基準」に基づき，原則として，直接的または間接的に25％以上の出資関係がある国外関連会社との取引が対象となります。一般的には，国外の親会社や子会社あるいは姉妹会社との取引が対象です。なお，AOAアプローチ（Authorized OECD Approach）が導入され，国外にあるドイツ内国法人の本店あるいは支店との取引も移転価格税制の対象とされます。

　国外関連取引としては，棚卸資産の売買，役務提供，ローンや賃貸，無形資産の使用などが対象となります。さらに，ドイツから国外の関連会社にドイツ法人の機能を移転し，そのためにドイツ法人の利益が下がる場合も移転価格税制の対象となるので留意が必要です。

● 移転価格文書化の義務

　納税者は，一定の要件のもと，右図Bのとおりローカルファイル，マスターファイルおよび国別報告書の3つの文書の作成義務があります。多くの場合，移転価格文書は英語で作成されていますが，税務調査官からは部分的にドイツ語翻訳を求められます。なお，納税者が移転価格文書を作成していない場合，または税務当局によりその内容が不十分と判断された場合には，税務当局は，独立企業間価格の範囲で納税者にとって不利な数値を用いて課税所得の上方修正を行うことができます。さら

A：関連会社間取引の関係の概略図

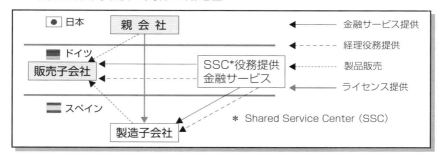

B：ドイツの移転価格文書化義務

文書名	作成要件	記載事項
ローカルファイル	国外関連会社との年間売買取引の合計額が500万ユーロ以上またはその他の取引（役務提供対価やライセンスフィー等）の合計額が50万ユーロを超えると移転価格ドキュメンテーション義務の対象となる（なお、この基準値は600万ユーロと60万ユーロに引き上げられる見込みである）。この基準値を超えない小規模の会社は税務調査で取引の契約書などを提示し、第三者間取引の原則に準拠していることを証明しなければならない。	・関連会社との出資関係、事業活動とその他の会社組織に関する一般情報 ・重要な市場環境や競争環境 ・関連会社との取引の種類と範囲 ・主な関連会社との契約 ・機能とリスクの分析 ・移転価格分析など
マスターファイル	年間売上（第三者との取引も含む）が1億ユーロを超える会社はさらにグループ全体の移転価格税制に関する基本情報を含むマスターファイルを作成しなければならない。なお、日本の最終親会社のマスターファイル（「事業概況報告書」）を使用することが認められているが、日本での作成義務が連結総収入金額が1,000億円を超えてから適用になるためマスターファイルが存在しない場合は、ドイツで作成することになる。	・グループの組織図 ・事業概要 ・無形資産の概要 ・金融活動の概要とグループ全体の財務状況と納税状況など
国別報告書（CbCレポート）	前事業年度の年間連結売上高が7億5,000万ユーロ（日本円で約1,000億円）以上の多国籍企業に対して国別報告書が要求される。国別報告書は、ドイツ在籍の日系企業の場合、日本の最終親会社が作成しているときは税務申告の際にその旨通知するのみで十分であるが、そのためには日本の国税当局からドイツ連邦中央税務局に国別報告書が提供されていなければ1か月以内にドイツの現地法人が国別報告書を提出しなければならない。	・国別に合計した所得配分 ・納税状況 ・経済活動の所在 ・主要な事業内容など

に，この更正所得額の5％から10％，最低5,000ユーロの課徴金が課せられます。また，移転価格文書の提出期限の60日または30日を遵守できない場合は遅延日数1日当たり100ユーロのペナルティが発生します。

ドイツの移転価格税制の執行状況
～ロイヤルティ，使用料，金利設定などに注目

　ドイツにおいて，最近，移転価格に関する調査が厳しさを増している傾向が見受けられます。移転価格調査は，通常，法人税の税務調査の一環で追加的に行われるケースが多いといえます。近頃，税務当局から届く税務調査開始告知書において，移転価格文書の提出を要求されるケースが多く見受けられるので注意が必要です。

　特に連続的に（3年以上）赤字が発生している場合は，その要因が移転価格に起因していないことを十分に説明できる準備が必要です。昨今は無形資産使用のロイヤルティや使用料の妥当性の精査も増えてきています。グループ内のファイナンス，キャッシュプーリングの金利の設定も注目されています。人件費が高い日本人駐在員のコストの妥当性および機能移転の場合は，そもそも無償で移譲しているケースの問題と，実務上は推定による独立企業間価格の算定をめぐる議論があります。

● 移転価格文書

　ドイツでは，4年ごとに税務調査が実施されるケースが多く，一般的には，税務調査の際，過去3年分の期間を網羅する移転価格文書が必要となります。なお，移転価格文書は，税務当局からの提出要求が書面で通知されてから60日（ないしは30日）以内に提出しなければなりません。

● 機能移転課税

　ドイツ法人が国外の関連会社に資産（無形資産を含む）やその他のチャンスとリスクを含む便益を移転または譲渡し，それに伴う機能が国外の関連会社に移転し，ドイツの課税所得が減少する場合は機能移転課税が生じます。具体的には，ドイツが開拓した他国の商権をその国に設立した販売会社に譲った場合，ドイツの販売契約をコミッションエージェントに格下げした場合や製造会社が受託製造会社に変更される例が挙げられます。この場合，原則的に推定の独立企業間価格で国外の関連会社が移転パッケージ（機能移転で移譲される有形資産と無形資産）を

A：ドイツにおける一般的な税務調査に係る手続

1	納税者に対する税務調査開始の告知書の送付	・調査対象税目 ・調査対象期間 ・準備資料 ・移転価格文書が必要な場合はその旨
2	納税者と税務当局との間の質疑応答	・原則，書面による
3	納税者と税務当局との間の協議	・調査案件に関する双方の見解を示す
4	納税者に対する税務調査報告書の送付	・税務当局の最終結論を記載
5	納税者に対する更正通知書の発行	・更正内容および追徴税額を記載
6	異議申立て	・更正内容につき不服の場合，通知書受領後1か月以内に行うことができる
7	異議申立ての決定書	・決定書につき不服の場合，相互協議や税務訴訟などの手段が残される

B：相互協議および事前確認制度（APA）

　ドイツは租税条約の規定に基づき，納税者の申立てによる当事国の税務当局間の相互協議を認めています。2015年には，日独租税協定において，相互協議手続に係る仲裁手続（税務当局間の協議によっても解決されなかった事案につき，第三者の決定に基づき解決する手続）を導入しました。この相互協議のほか，事前に移転価格更正リスクを回避できる事前確認制度（Advanced Pricing Agreement：APA）も活用できます。APAは2万ユーロの料金と多額の税理士コストが発生し，結果が出るまで18か月以上の年月がかかるため，相対的に大きな移転価格リスクを抱える取引に関してお勧めします。

購入したとみなされます。したがって，移転パッケージを国外の関連会社へ独立企業間価格で売却すべきといえます。

59 ドイツ駐在員のコスト負担をめぐる問題
～日本人駐在員の人件費の妥当性

　従来，日本人駐在員の日本払い給与とボーナスは日本の本社が負担するのが通常でしたが，昨今では海外子会社が負担するケースが増えてきています。税務当局は，日本人の給与が現地採用の従業員よりもはるかに高いため，派遣元の親会社に便益をもたらしているとみなして日本へコストの一部を付け替えるよう指導する傾向も見られます。

　ドイツの出向者税務調査マニュアル（2001年）には，ローテーションの場合は，ドイツの市場で比較した場合の給与水準を超過している金額は出向元の関連会社が負担すべきと定義されています。ローテーションとは，次の要件を満たしているケースを指します。

① 出向は常に日本からの出向である。ドイツの現地採用の従業員が日本へ出向となるケースはほとんどない。
② 出向期間は3～5年程度に限定されている。
③ 通常，出向先のマネジメントや重要なテクニカルな地位には出向者が就任している。
④ 出向者の職場に現地の人材を募集しない。出向者は現地法人の人事異動の対象にならない。

　これはまさに日本からドイツへの海外赴任者の典型的なケースです。

　実際に日本人駐在員の就労時間のうち，本社とのコミュニケーションに充てられる時間は少なくないため，税務調査においては日本の稟議制度の説明や日系企業のドイツ子会社として日本人が不可欠であることの説明が求められ，親会社の給与負担関係について論争が始まっています。

　特に比較的小規模の会社は，日本人出向者のすべての人件費を負担すると収益性に著しく影響を及ぼし，赤字になるケースも少なくありません。その場合は移転価格全般のリスクが浮き彫りになり，ドイツ進出の経済合理性の議論に発展しかねません。

出向者税務調査マニュアル目次

ドイツ連邦財務省通達　2001年11月9日
多国籍企業間における駐在員費用の配分に関する手続
目　次
1．目　的
2．定　義
　2．1．駐在員派遣
　2．2．雇用者
　2．3．駐在員費用
3．駐在員費用の配分基準の評価
　3．1．アームズ・レングス原則との関係
　　3．1．1．派遣元企業に帰属する経済的便益
　　3．1．2．派遣先企業に帰属する経済的便益
　3．2．アームズ・レングス原則の適用方法
　　3．2．1．内部事例による比較
　　3．2．2．外部事例による比較
　　3．2．3．仮定的アームズ・レングス原則の適用
　3．3．経済的便益の帰属に関する判断基準
　3．4．特別事例
　　3．4．1．専門人材の派遣
　　3．4．2．ローテーションによる派遣
　　3．4．3．人材育成による派遣
　3．5．費用配分スキームの策定
4．税務上の取扱い
　4．1．不適切な費用配分
　4．2．ノウハウの移転
　4．3．費用の相殺処理
　4．4．租税条約に基づく費用配分
5．必要情報の提供について
6．恒久的施設における費用配分
7．適用指令

中国の移転価格税制の概要
～BEPS行動計画を受けて2016年に改正

　中国において初めて移転価格税制を規定したのは1991年施行の外商投資企業および外国企業所得税法であり、当初は外資企業のみをその対象としていました。これは当時、外資企業に国外関連者取引が集中していたためですが、外資誘致の時代でもあったことから、概念のみの規定にとどめ、強い執行は行われていませんでした。その後いくつかの変遷を経て、外資・内資企業に対する統一した税制である企業所得税法が2008年に施行され、移転価格税制も明確に制度化されました。同法では、関連者間の独立企業取引原則を前提とし、税務当局の調整権限、事前確認手続および年度関連業務取引申告制度等の基本概要を規定し、詳細は同年施行の特別納税調整実施弁法に明記・補足しています。

　さらにBEPS行動計画を受けて、2016年に関連取引申告、同期資料および事前確認手続に関する改正が行われました。

● 関連者

　25％以上の資本関係、借入・保証、役員、ライセンス・営業関係で判定され、これに自然人の親族・扶養関係も加味されます。

● 対象取引

　対象取引は主に有形・無形資産の売買、譲渡と使用（リースを含む）、資金融資（保証を含む）、役務提供が該当すると明記しています。企業所得税法では、原則として、国外取引のみならず国内取引も対象取引となりますが、移転価格税制の性格上、国外取引に重点が置かれていると考えられます。

● 移転価格算定方法

　独立価格比準法、再販売価格基準法、原価基準法、取引単位営業利益法、利益分割法およびその他独立企業取引に合致する方法としています。

● 事前確認制度

　特別調整納税実施弁法に規定されていた事前確認手続制度は2016年に

中国の移転価格税制の概要

	関連者間取引申告
対　象	すべての企業が確定申告書に併せて提出
内　容	関連者との関係，取引内容の総括，有形・無形資産，金融・資金・投資，役務・コストシェアリング，対外支払取引および国外関連者情報を記載
その他	55億元超の売上がある多国籍の最終持株企業は国別報告書の提出も必要（中文と英文の両方）

	マスターファイル	ローカルファイル
対　象	関連取引があり，かつ最終親会社がマスターファイルを準備している，または10億元超の関連取引	2億元超の関連取引（金融・無形資産取引は1億元，その他取引は4,000万元）
期　限	最終親会社の会計年度終了から12か月以内に作成	会計年度の翌年6月末までに作成
その他	別途特別事項ファイル（コストシェアリング契約・過少資本）がある	

施　行	条文・通達名
2008年	（新）企業所得税法および同実施細則
	特別納税調整実施弁法（試行）（国税発2009-2） （うち第2章，3章，6章，74条および89条は廃止）
2016年	国税総局公告2016-42号　関連取引申告および移転価格同期文書化の管理に関する公告（上記第2章，3章のアップデートに相当）
	国税総局公告2016-64号　事前価格確認手続管理の改善に係る事項に関する公告（上記第6章のアップデートに相当）

アップデートされ，意向書締結交渉および分析評価が正式申請前に行われることとなりました。手続順序は，予備会談，意向書締結交渉および分析評価を行った後，正式申請，協議締結および監督統制となります。このように申請前に一定の手続を要求することで制度運営の効率化を図っています。

中国の移転価格税制の執行状況
～当局に専門部署が創設され，日本を重視

　中国の経済成長とともに経済取引の複雑化や税収の拡大（2014年度企業所得税税収は2.5兆元あり，それまでの5年間にてほぼ倍増）を受け，中国当局も移転価格調査の執行を強化しています。

● 移転価格調査対象の選定基準

　特別納税調整実施弁法では，調査対象の選定基準を，①関連取引（タックスヘイブンを含む）が大きい，②長期欠損，③低利益水準，④機能リスクとの不整合，⑤同期文書の未準備等と規定していますが，具体的な数値要件は明記されていません。

● 税務当局の動き

　税務当局では，各国別に担当分けされた移転価格専門調査員の人員数・水準の拡大拡充を進めるとともに，グローバル企業の監督管理システムを開発し，業界別・地域別・年度別に利益水準等の分析を行っています。また，組織的にも移転価格専門部署（1課および2課）を創設し，1課は日本・韓国を，2課はその他地区を担当するなど，日本を重視していることが窺えます。

● 移転価格調査事績

　移転価格調査による増加税収額（および追加徴収税額）と，その件数および平均追加徴収税額は右図A，Bのとおりです。このように年々移転価格税務調査による徴税額が増加していますが，1件当たりの追加徴収税額が一定規模額となっている傾向から，税務当局も限られたリソースの有効・効率的な運用を目指しているものと考えられます。

● 事前確認の状況

　中国では納税者との協調に向けた取組みとして事前確認制度をより重視する政策を進めています。中国当局が2005年から統計している事前確認完了件数（二国間）は右図Cのとおりです。事前確認手続には相当の時間がかかりますが（2015年完了件数のうち3件は申請から完了まで3

A：移転価格調査による増加税収額および追加徴収税額

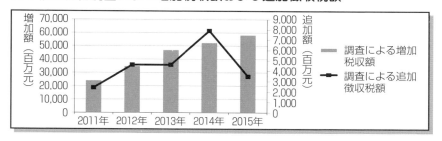

（出典：中国税務総局HPデータより集計）

B：移転価格調査件数と平均追加徴収税額

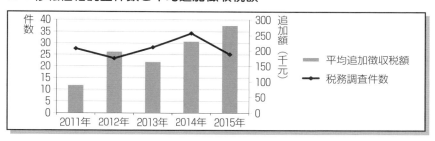

（出典：中国税務総局HPデータより集計）

C：二国間協議完了件数

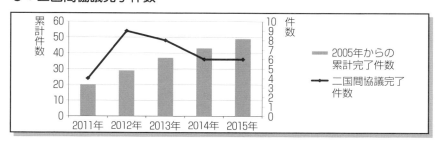

（出典：中国税務総局発行　中国事前確認年度報告より）

年以上），前述のとおり2016年より正式申請前に交渉・分析等を行うよう順序が改正されたため，今後は完了件数の増加が期待されています。なお，2015年度に完了された6件のうち4件は韓国，2件は日本であり，また主要業種は製造業が中心となっています。このことからも，中国にとって日本は移転価格における主要国であることが窺えます。

韓国の移転価格税制の概要
～所得金額調整に基づいた所得処分は別途規定

　韓国では国際取引が増大し，国際租税回避の危険が増大するのに伴い，先進国の移転価格税制およびOECDガイドラインをもとに，1996年に「国際租税調整に関する法律」（以下「国租法」）を制定しました。このため，韓国の移転価格税制は他国と大きな違いはありません。

● 移転価格税制の適用範囲

　韓国の課税当局は，取引の当事者のうち，どちらかが国外特殊関係人である国際取引において，その取引価格が正常の価格よりも低いか，あるいは高い場合には，正常価格を基準に居住者，内国法人，外国法人の国内事業場の課税標準および税額を決定することができます。

● 正常価格算出方法

　特殊関係者間の国際取引に対する正常価格算出方法には，比較可能第三者価格法（CUP），再販売価格法（RP），原価加算法（CP），取引純利益率法（TNMM），利益分割法（PSM），その他合理的な方法が使われており，他国との大きな違いはありません。ベリー比率（Berry Ratio）は，取引純利益率法の1つの収益性指標に分類されています。

● 事前価格確認制度（APA）

　1997年5月以来，2014年末まで455件のAPAが申請され，そのうち298件が終結して，申請件数は増加する傾向にあります。APA処理の平均所要時間（2014年まで）は，双方APAは2年10か月，一方APAは1年6か月で，APA申請国家は日本が87件と最多でした。

● 所得処分特例規定

　移転価格税制による所得金額調整に基づいた所得処分は，法人税法の所得処分と別途に規定されています。移転価格税制の適用で益金に算入されたとき，国外特殊関係者から内国法人に返還された場合は所得処分の対象とはならず，返還されたことが確認できない場合には国外特殊関係人に対する配当として処分されるか，出資として調整します。

A：国外特殊関係者の範囲

区　分	一般的要件
持分所有関係	議決権のある株式の50％持分を所有（直接所有，間接所有）
実質支配関係	持分所有関係がない場合でも，資金借入れ，役員任命権，取引依存等で実質的な支配関係が形成されている場合

B：国租法上移転価格税制が適用されない取引

	適用可否
外国法人本店と国内支店間の取引	・法的に分離された関係会社間の国際取引に対してだけでなく，国内事業場と海外関係会社間の取引に対しても適用されます。 ・法的に1つの実体にすぎない海外本店と支店（国内事業場）の関係は国外特殊関係者の範囲で除外し，国租法上移転価格税制が適用されません。 ・しかし，韓国は各国間の租税条約上に，OECDモデル条約7条による独立企業原則により課税所得を計算することと定められており，結果的には本店と支店間の取引において移転価格税制の原理が適用されます。
不当行為計算否認規定との競合	・特殊関係者間の不当な所得金額の移転行為を規制する規定は，国租法だけでなく法人税法および所得税法でも規定（以下，不当行為計算否認規定）されています。 ・国際取引に対しては原則国租法の移転価格税制が適用され，不当行為計算否認規定が適用されないものの，資産贈与，債務免除，合併，増資，減資等変則的資本取引行為等に対しては移転価格税制が適用されずに不当行為計算否認が適用されます（国租法3条，国租令3条の2）。

C：正常価格算出方法事前確認手続

①	事前相談	APAを公式に申請する前に，APA申請の可否等について納税者とAPA実務チーム間で非公式に行われる会議（匿名での事前相談も可能）
②	APA申請書提出	適用を希望する最初の課税年度終了日までに国税庁に申請書を提出，APA対象期間は通常5年，対象期間前の課税年度に遡及適用（rollback）申請する場合は，双方APAは5年，一方APAは3年の範囲内で遡及申請が可能
③	審査	税務署長および地方庁長，中立的専門家の意見を参考に審査
④	相互合意進行	相手国の課税当局と相互合意手続を行い，相互合意が中断され納税者が一方APA確認を要請する場合は，相互合意の手続なく事前確認の手続進行
⑤	事前承認	相互合意された場合に国税庁は申請人に対し相互合意終了を通知，申請人が同意書を提出後，APA確認し申請人に通知
⑥	年例報告書提出	事前確認された納税義務者は，対象の事業年度の課税標準申告期限の翌日から6か月以内に年例報告書を国税庁に提出

63 韓国の移転価格文書化制度
～3文書とは別の提出文書がある

● 国外特殊関係人との取引がある場合の提出資料

　国外特殊関係人と国際取引を行う納税義務者は，最も合理的な正常価格算出方法を選択し，選択した方法および理由を記載した正常価格算出方法申告書と，国際取引明細書および国外特殊関係人の要約損益計算書を，法人税，所得税の確定申告期限までに納税地管轄税務署長に提出しなければなりません。ただし，納税者の便宜のため，国外特殊関係者との取引規模が一定の規模以下である場合には，同申告書の提出を省略することができます（国租法11条，国租令7条）。

● 国際取引情報統合報告書

　韓国はOECD加入国として，BEPSプロジェクトの中の移転価格文書化課題（Action13）を反映すべく，2015年から国租法の改定を行い，上記の提出書類とは別に，一部の企業に対して各報告書（ローカルファイル，マスターファイル，CbCレポート）の文書化を義務づけています。

　各報告書に含まれる内容は，OECDガイドラインと大きな差異はなく，ローカルファイルおよびマスターファイルの提出義務の範囲は国内状況に合わせて設定されています（具体的な導入内容については62項参照）。

● 課税当局の資料提出要求

　課税当局は，納税義務者に正常価格による移転価格の課税調整のために必要な資料の提出を要求することができます。納税義務者は，資料提出の要求を受けた日から60日以内に当該資料を提出しなければならず，1回に限り60日まで延長することができます。

　納税義務者が正当な事由なく資料を期限内に提出せず，不服申立て，または相互合意手続時に資料を提出する場合には，課税当局および関連機関は，当該資料を課税資料として利用しないこともあるほか，過少申告加算税等が賦課されることがあります（右図B）。

A：正常価格算出方法申告書等提出免除対象

	正常価格算出方法申告書	国際取引明細書	国外特殊関係人の要約損益計算書
提出免除要件	・全体の財貨と用役取引金額が，各々50億ウォン，10億ウォン以下の場合 ・国外特殊関係者別財貨と用役取引金額が各々10億ウォン，2億ウォン以下の場合	・免除要件なし	・国外特殊関係者別財貨と用役取引金額が各々10億ウォン，2億ウォン以下の場合 ・海外現地法人明細書および海外現地法人財務状態状況表を提出した場合

B：加算税適用特例－過少申告加算税の免除

　移転価格調整で益金に算入した金額に対しては，一般過少申告加算税10％と過少納付加算税年10.95％が賦課されます。

区　分	過少申告加算税免除恩恵要件
相互合意等で過失がないと判定された場合	申告された取引価格と正常価格の差異について，納税義務者に過失がないと相互合意手続の結果により確認された場合（一方APAの場合には，納税義務者に過失がないと国税庁長が判定した場合）
移転価格同時文書化具備	法人税申告時に合理的に分析された移転価格同時報告書を保管し，課税当局の提出要請時から30日以内に提出した場合

64 韓国における資金取引に対する正常利子率のみなし規定
～納税者が自ら算定した正常利子率と選択適用可能

　従来，居住者と国外特殊関係人間の資金取引に対する正常利子率は，債務額，満期，保証可否および信用の程度を考慮し，納税者が自ら正常価格を算定して適用しなければなりません。しかし，2017年2月7日以降に行われる居住者と国外特殊関係人の資金取引分からは，次の正常利子率とみなされる利子率を納税者が選択して適用することができます（国租令6条および国租法施行規則2条の2）。

- 居住者が国外特殊関係人に資金を貸与した場合：国内特殊関係人間の不当行為計算の否認時に適用される当座貸出利子率（現行，年4.6％）
- 居住者が国外特殊関係人から資金を借り入れた場合：資金貸出日が属する各事業年度の直前事業年度終了日付取引通貨別12か月満期LIBOR＊に加算金利（1.5％）を足した利子率。ただし，12か月満期LIBORのない通貨の場合は，米国ドル建ての12か月満期LIBORに1.5％加算した利子率とする。

　したがって，国外特殊関係者との資金取引においては，納税者が自ら正常利子率を算定して適用することもでき，上記のみなし正常利子率を適用することもできるようになりました。

　このような正常利子率のみなし規定の導入は，納税者への便宜向上のための措置であるようにも見えますが，納税者が自ら算定した正常利子率とみなし利子率の差が著しい場合は，課税リスクが増加することになることと判断されます。

　よって，居住者が国外特殊関係人と資金取引をする際，みなし利子率を正常利子率として選択しない場合は，移転価格文書化を通じて移転価格リスクを減少させる必要があります。

＊　LIBOR　London Interbank Offered Rateの略で，ロンドン市場における銀行間取引金利のこと。

BEPS Action 13導入による移転価格文書の提出義務

報告書名称	国際取引統合報告書		
	個別企業報告書 (ローカルファイル)	統合企業報告書 (マスターファイル)	国別報告書 (CbCレポート)
施行時期	2016.1.1以降開始する課税年度から		
提出義務者	1. 次の要件（①, ②）をすべて満たす内国法人または外国法人の国内事業場 ① 国外特殊関係人との該当課税年度の財貨, 用役, 貸与および借入取引の合計額が500億ウォンを超過すること ② 該当課税年度の個別法人の売上額が1,000億ウォンを超過すること 2. 統合企業報告書作成対象範囲は納税義務者が含まれた最上位連結財務諸表の作成対象に該当する法人である。ただし, 多国籍企業グループにさまざまな事業群がある場合には事業群別の報告書を提出可能 3. APAの承認を受けた国際取引に対しては対象期間に個別企業報告書の提出を免除		直近前年度の連結財務諸表売上額が1兆ウォン（7億5,000万ユーロ相当額）を超過する多国籍企業グループの最上位支配内国法人 ただし, 多国籍企業の親会社が国家別報告書の作成義務がないか, 国別報告書の交換ができない国家に所在する場合には海外多国籍企業グループの国内子会社または国内支店が国別報告書を提出
提出期限	事業年度終了日が含まれる月の末日から12か月以内, CbCレポートの提出義務者の情報にいては事前（事業年度終了日が含まれる月の末日から6か月以内）に届出を行う必要がある		
罰則	資料提出義務不履行時に報告書件別1,000万ウォンの過料が賦課（最大3,000万ウォン）		

インドネシアの移転価格税制の概要
～11兆ルピア以上で国別報告書を提出

　スハルト大統領退陣後のインドネシアは大統領が変わるごとに民主化，政治の透明性を求める声が少しずつ大きくなり（大統領は直接選挙で選任），政策課題として大幅に遅れたインフラ整備や国民皆保険制度（BPJS）の構築などに多額の歳出が向けられています。一方で長年にわたって歳入が潤沢ではなかったことから，歳入増加のためにさまざまな試みが行われていて，昨年2016年7月に施行されたアムネスティは期限付きながら，歳入増加に一定の効果を上げている状況です。さらに税収を大幅に増やす税制の1つとして移転価格税制が注目されています。

　インドネシアはASEANで唯一OECDのパートナー国でもあることから，アセアン諸国の中では比較的以前から移転価格税制について着目されていて，1983年の所得税法ですでに移転価格税制の規定がされています。しかしながら，移転価格税制運用のための法整備が進まない中で，実務上，移転価格での徴税が進まない状況が長く続いていました。

　諸外国で移転価格による徴税が成功を収めている例が伝えられると，移転価格制度を本格的に法整備する動きにつながり，2010年にはOECDガイドラインに準じた移転価格規則（PER43号）が制定され，さらに相互協議（MAP）および事前確認（APA）規定の制定など矢継ぎ早に法整備がされるに至り，一定の条件を満たす場合には移転価格の文書化対応が求められることになりました。

　さらに多国籍企業がクロスボーダー取引によって課税回避（BEPS）を図っている状況に歯止めをかけようとOECDガイドラインが見直され，2015年10月にはBEPSの最終報告書が公表されたことなどを受けて，2016年12月30日に財務大臣令213号（PMK213号）が公表され，移転価格文書化についてBEPSの対応が規定されました。この対応は2016年12月31日終了事業年度から必要となります。PMK213号の概要については右図A～Gに記載のとおりです。

A：必要な文書化対応

マスターファイル　　ローカルファイル　　国別報告書

B：マスターファイルおよびローカルファイルの作成が必要な会社

関連当事会社間取引（株式の保有割合が25％以上など）がある企業は前年の年間売上が500億ルピア（約4億円）を超える会社
関連当事会社間で，商品，製品（有形物）の仕入や売上が年間200億ルピア（約1億8,000万円）を超える会社
関連当事会社間で，各種サービス，金利，その他の取引が50億ルピア（約4,000万円）を超える会社
インドネシアよりも税率が低い国（25％未満）に所在する関連当事会社と取引がある会社

C：マスターファイルの記載事項（以下の情報の記載が最低限必要）

組織図，関連当事会社間の資本関係，事業活動の形態，無形財産（ノウハウ等）の保有状況，グループ内の財務活動，親会社の連結財務諸表，関連当事者間の税務情報

D：ローカルファイルの記載事項（以下の情報の記載が最低限必要）

- 事業活動の説明，関連当事者間取引およびその他独立企業間取引の情報
- 独立企業間価格（アームスレングス），財務情報，価格や利益基準に影響を与える非財務活動や事実等

E：国別報告書の作成が必要な会社

- 連結売上で11兆ルピア以上の売上がある親会社に当たる場合
- 親会社で国別報告書が求められていない場合
- 親会社の所在国と情報交換協定が結ばれていない場合
- 協定はあるがインドネシア当局が国別報告を入手できない場合

F：国別報告書の記載事項

所在地国，法人名・納税番号，事業活動，総収入，税引前利益，支払法人所得税，未払法人所得税，資本金，利益剰余金，従業員数，現金および現金等価物以外の有形資産

G：その他留意事項

- マスターファイルおよびローカルファイルは決算日後4か月以内，国別報告書は12か月以内に作成
- 原則的にインドネシア語で作成（一定の要件下で英語でも可）
- 税務当局への提出は不要。税務調査時などは求めに応じて提出。概要説明を税務申告書に添付

インドネシアの移転価格税制の執行状況
～モノの売買価格が更正されるケースが増加

　インドネシアの税収増の目玉と目されて2010年の移転価格規則（PER43号）発行以来，インドネシアの税務当局は積極的に移転価格による徴税に取り組んできました。ターゲットになるのはクロスボーダー取引がある外国企業が中心ですが，法定監査を実施していない会社であっても，関連当事会社間（所得税法18条に規定される形式基準は株式保有割合が25％以上）取引についての情報を税務申告書の別表で開示することが必要です。移転価格の文書化レポートは，税務申告書へ添付したり当局に事前に提出する必要はありませんが，コンプライアンス重視の日系企業などは積極的に取り組んできました。

　PER43号以来求められている移転価格文書化レポートはOECDモデルに準じたレベル感のものであるため，これを税務調査時に提出しても行政側のレベルが追いついていない感が否めません。例えば親会社へロイヤルティの支払があったような場合，取引実態をきちんと把握せず一方的にロイヤルティの損金算入が否認されたような事態が多発していました。しかしながら，日系企業は役務提供の実態があることが多いため，裁判で争うことになると会社側が勝訴するケースが多数報告されていました。そういったことから，最近の税務調査での類似案件は慎重に対応される傾向にあるように感じます。

　最近の移転価格の調査対象はロイヤルティや技術支援などの役務提供から一歩踏み込んで，モノの売買価格が更正されるケースが増えていて，取引価格の妥当性の比較の際に企業側が実施した対象企業の選定が当局から認められないケースが多発しています。対象企業の同一製品で関連当事会社への売価ないしは仕入価格と第三者への売価ないしは仕入価格を提示して比較分析をしたものを提示するといった方法（内部比較対象取引）のほうが，実務上納税者に有利な結果をもたらしているケースが多いようです。

A：所要期間

税務調査	異議申立て	税務裁判	再審
（3か月～6か月）	（6か月～1年）	（6か月～1年）	（2年～3年）

B：税務調査
- 管轄税務署から税務調査通知が納税者あてに発行されて税務調査開始。所要期間は平均的に3か月～6か月程度。
- SPHP（更生通知書発行前の否認予定項目一覧）発行を経てSKP（更正通知書）の発行。

C：異議申立て
　SKP発行から3か月以内であれば異議申立て可能。実務的には税務裁判に進むための経過的な手続で税務調査の結果と大きく異なる結論は期待薄。所要期間は6か月～最長1年間。

D：税務裁判
　裁判官の面前で税務当局と納税者が通常5回以上の答弁（シダン）を行います。裁判官は前職が税務署員のみならず弁護士や実務家などさまざまな人です。判決が出るまで6か月～1年程度の期間を要します。

E：再　審
　税務裁判の判決に不服な場合に再審請求をすることになります。判決が出るまでの所要期間は早くても2年～3年程度となっています。

　インドネシア税務調査から裁判までの所要時間は非常に長いので税務調査の案件にもよりますが，戦略的に対応していかないと平均して2～3年程度の年月を要してしまいます。

タイの移転価格税制の概要
～2019年11月にようやく法令化

　タイの法人税は，自ら申告書を作成し納税手続を行いますが，賦課決定課税（Assessment方式）に近いものと考えられます。したがって，移転価格の妥当性についても当局に強い権限があります。

● 内国歳入法における規定

　右図Aのとおり，内国歳入法に移転価格に関連するものが規定されており，購入や販売はすべて時価で取引することが求められます。課税所得を減らすこととなる不当な高価買取りや低価での販売は，時価への修正や，不足売上に係るVATの課税が行われることになります。

● 新法令の影響

　新法令の具体的な内容の要点は右図Bに記載のとおりですが，関係会社を有する会社で，その事業年度の収益（売上高）が2億バーツ以上となる会社は，関連会社との取引内容およびその金額を報告することが必要となりました。報告形式は，法人税申告書PND50（申告期限は，決算期末から150日以内）に添付する「付表」による形式で，その様式は69項に記載しています。2019年1月以後開始の事業年度に係る分より施行されます。要求資料を提出しなかった場合，および提出された情報が正当な理由なく不完全または不正確であった場合は20万バーツ以下の罰金が科されます。

● 移転価格文書の必要性

　税務当局は納税者に対し，付表提出から5年以内であれば移転価格文書の提出を要求することができるとされており，初めての要求の場合は，延長の許可を受けても最長180日以内に提出しなければなりません（それ以後は原則60日，延長の許可により120日）。

　なお，具体的な移転価格文書の範囲については，ローカルファイルやマスターファイルが想定されますが，CBCレポートの必要性の有無については，省令等で規定されるものと見込まれます。

A：タイ内国歳入法における，移転価格に関連する規定

- 第65条の2(4)：課税所得の算定について，資産の譲渡，役務の提供または資金の貸付けで，正当な理由なく，その対価が無償または市場価額より低い場合であるときは，当局職員は，市場価額をもってその対価を定めることができる。
- 第79条の3：VATの課税売上は市場価額とする。
- 第65条の3(15)：課税所得の算定に際し，合理的理由なく妥当な金額を超えている資産の購入価額および資産の売買に係る費用は損金の額に算入しない。

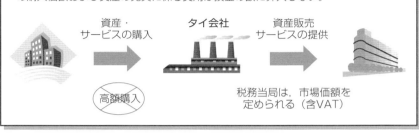

B：タイ内国歳入法の規定

内国歳入法　第71条の2	
第1項	■関係会社間の取引に利益移転の疑いがある場合，タイ税務当局は，移転価格についての更正権限を持つ。
第2項	■関係会社とは，50%以上の直接および間接株式保有関係のある会社。 ■50%未満の関係であっても，実質支配の場合には関係会社となる。
第3項	■税務調査により過大納付となった納税者について，還付請求を認める。 ■還付期限は申告期限から3年もしくは更正通知受領日から60日以内。
内国歳入法　第71条の3	
第1項	法人税申告書の提出とともに，関係会社情報および取引総額を記載した「付表」の提出を求める。
第2項	■税務調査官は，「付表」提出期限日から5年以内に，移転価格文書の提出を求めることができる（移転価格文書の範囲については，ローカルファイルとマスターファイルが想定される）。 ■提出期限は，通知書受領日から60日以内。ただし，やむをえない場合，歳入局長は120日までの延長を認める。さらに，初回提出の場合は180日以内まで認める。
第3項	「付表」の提出義務を負う会社は財務省令で定められるが，売上金額が2億バーツ以上となる。
内国歳入法　第35条の3	
移転価格文書が提出されない場合，および内容が不完全，不正確な場合，20万バーツ以下の罰金を科す。	

68 タイの移転価格税制の執行状況
〜移転価格調査対象になる可能性に注意

　一般的な税務調査の流れは右図Aのとおりですが，移転価格に限った税務調査は，2年ごとに定期的ということはなく，ターゲットとされ調査が入り，移転価格に問題があった場合は，最高で5年前まで遡って調査を受けることもあります。

● 要注意とされる会社

　関係会社との取引が，売上にせよ仕入にせよ全体取引の20％を超える場合は，移転価格税務調査の対象となると考えられます。そのうえで，その事業業種の一般的な利益率と比べそれが低い会社，3期以上連続赤字が続いた会社が対象とされることがほとんどです。

● 移転価格調査の所轄

　本局である歳入局内には，大規模法人を所轄するLTO（Bureau of Large Business Tax Administration）がありますが，その中に移転価格の税務調査専門部門があります。人数は15〜20名程度で小規模，しかもそのメンバーは移転価格に係る他国との相互協議や事前協議（APA）にも対応していることから，対象先は関係会社取引が多い大規模法人に今のところ限られています。また，同じくLTO内には一般調査部門がありますので，そのチームが，前述の移転価格専門チームの力を借りながら移転価格調査を行うこともあります。

　LTO所轄以外の法人については，地方税務署にその調査権限がありますが，やはり専門性が必要な分野であるため，今のところ限定的であるようです。ただ近年は，歳入局内部で移転価格に関する勉強会が積極的に行われており，地方税務署レベルでも，関係会社取引が多く利益率が低いもしくは赤字が継続している会社については，同業他社の一般的な利益率を提示され，それに修正せよ，との指摘が増えてきています。

A：税務調査の流れ

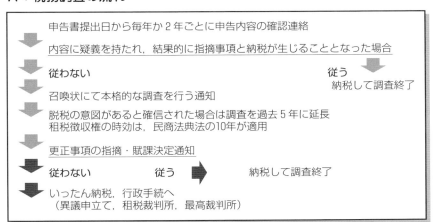

B：税務当局の組織体系

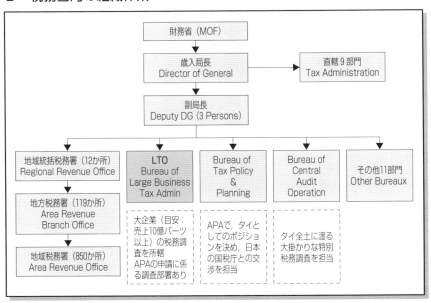

69 タイの法人税申告書
～関係会社間取引を記載した「付表」提出が義務化

　移転価格税制の導入により関係会社との取引額を提出する必要がありますが、そのフォームが2019年11月に公表されました（右図）。

　特徴的なのは、まず<u>すべての関係会社一覧をタイ国内と国外に区分し記載する必要がある</u>ことです。取引のある関係会社については、諸取引の金額を記載させ、かつ事業再編があった場合の影響についても報告させる内容になっています。

● 移転価格にも関連するその内容

　下図は、法人税申告書の一部ですが、ここには移転価格にも関連する、売上や仕入、経費取引が時価で行われたことについて、会社代表者の宣誓が求められています。

● 税務調査のトリガーとなる連続赤字も

　その宣誓項目に、税務調査3期連続赤字の場合の確認項目があり、赤字の会社が調査のターゲットとされやすいことが理解できます。法人税の免税恩典を受けている期間中の製造業は別ですが、卸売やサービス業といった業種は、3期連続赤字となった場合には、推計課税方式による修正申告を求められることが実務上よくあることに留意すべきです。

最終ページ

代表者の宣誓
1．無償または市場価額を下回る物の販売、サービスの提供、融資、不動産賃貸の有無について
2．著しく高い資産（諸経費含む）の購入やサービスの請求の有無について
3．架空の債務者や債権者の存在がないか
4．当該事業が3年以上連続して純損失を計上しており、かつ総純損失額は増加している事実の有無
5．送金手続や源泉税の申告納税手続が正しく行われているか
　　私（代表取締役）は以上の回答が正しいことを証する
　　　　　　　　（サインと会社印）

第 5 章 外国の移転価格税制事情　　147

申告書様式

フィリピンの移転価格税制の概要
～経済特区登録企業との取引にも適用されうる

　フィリピンの移転価格税制の実務は発展途上ですが，2016年から2020年の内国歳入局（BIR）のロードマップ上，移転価格税制は戦略的課題として特記されています。2017年6月末に成立した新政権下も歳入増のための徴税効率化を目指しており，移転価格税制についても今後の進展を注視しておく必要があります。

● 内国歳入法における規定

　内国歳入法50条で，関連者取引に関する国税庁長官の権限が規定されています。国税庁長官は，関連する2つ以上の事業間の取引について，税務上必要があると認めるときにはその益金および損金を再配分することができます。

● 移転価格に係る歳入局通達

　2013年1月に移転価格税制の新ガイドラインが公表され，2月から有効となりました。このガイドラインは内国歳入法に定める国税庁長官の権限をより詳細に規定するとともに，OECDモデルによる価格決定方式を採用し，さらに，納税者に対して移転価格税制文書の整備を求めています。

　本ガイドラインでは，関連者取引は国外関連者のみならず，経済特区登録企業等，優遇税制が適用されている事業と通常税制の事業との間でも適用となりうることに注意を呼び掛けています。

● 今後の法定文書化について

　新ガイドラインでは，法人所得税申告時に移転価格文書を作成するように求めています。同文書は，税務調査の中で求められれば提出しなければならず，また，税務調査期間中，保存しておく必要があります（右図B参照）。この規定に違反した場合の特別の罰則はありませんが，最大5万ペソの罰金が科されるほか，移転価格について，当局から推定課税を受けるリスクがあります。

A：移転価格文書の項目

1	Organizational structure	組織図
2	Nature of the business/industry and market conditions	事業の性質，産業・市場の状況
3	Controlled transactions	関連者間取引
4	Assumptions, strategies, policies	前提条件，戦略，方針
5	Cost contribution arrangements	費用分担契約
6	Comparability, functional and risk analysis	比較可能性分析，機能リスク分析
7	Selection of the transfer pricing method	移転価格算定方法の選定
8	Application of the transfer pricing method	移転価格算定方法の適用
9	Background documents	背景資料
10	Index to documents	文書の索引

B：文書化と保存の期間

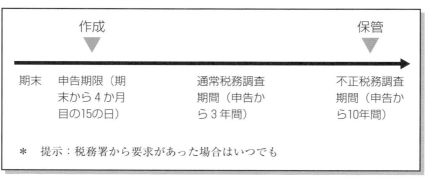

フィリピンの移転価格税制の執行状況
～租税条約適用申請で文書提出を求めるケースも

　税務調査期間は一般には申告期限から３年間ですが，不正の明確な証拠がある場合は10年間遡ります。税務調査における否認指摘の立証責任は納税者にありますが，移転価格については，関連者間取引が独立企業間条件であることが文書で証明できれば挙証責任は当局側に移ります。

● **要注意とされる会社**

　2015年９月に発行された税務覚書通達19-2015は，税務調査の方針や手続を定めています。これによると，税務署は創業３年から５年の会社と創業５年超の会社のリストを作成し，それぞれについて一定の基準や業種に該当する者が税務調査の優先対象として選びます。基準の中には「移転価格」や「BEPS対応」といった課題特化型税務調査も含まれています。

　また，税務恩典を得ている会社，２年連続して欠損を計上している会社，法人所得税額が総収入の２％未満である会社，売上のほぼすべてを関係会社から得ている会社，費用を関係会社間で分配している会社等，移転価格が問題となりそうな会社も，優先リストに挙げられます。こうした会社に対しては，一般の税務調査の中で移転価格についても調査される可能性があります（右図＊参照）。

● **移転価格調査の実施**

　現状，移転価格に特化した課題特化型の税務調査は行われていません。しかし内国歳入局は，移転価格リスク分析に関するガイドラインの発行を2015年からの優先課題としており，2016年から2020年の戦略プランの中では大口納税者課（LTS）でテストケースを取り扱うことを優先課題として挙げています。

　また，国際税務課（ITAD）では，金利や配当に関する租税条約適用申請を受け付ける際に，移転価格文書の提出を求めるケースが出ています。ただ，これが内国歳入局内でどう使用されるかは不透明です。

優先税務調査対象基準

	性質別		産業別等
1	電子納税が求められているが，行っていない	17	専門家
2	期末棚卸高が売上高の100%以上	18	不動産業
3	課題特化型税務調査（移転価格，BEPS，産業別問題等）	19	通信業
4	ベンチマーク以下の準拠率	20	政府，地方自治体，国営企業からの請負業
5	情報申告不備（源泉徴収一覧，棚卸一覧等）	21	Eコマース
6	税務免除・優遇を享受*	22	病院，クリニック，歯科医等
7	税務署の監視下にある	23	娯楽施設
8	2年連続して欠損計上*	24	広告代理店
9	会計検査院に指摘された政府機関	25	BPO
10	優先活動に従事している地方自治体	26	保険会社
11	法人所得税額が総売上/収入の2%未満*	27	レストラン等
12	前年比資産増50%だが損失計上	28	付加価値税免税売上がある納税者
13	被災または棚卸資産陳腐化による損失計上	29	第三者データとの乖離がある納税者
14	ほぼすべての売上が親会社/子会社/関連会社から*		
15	所得税申告において前払付加価値税を償却し損金計上		
16	関連者間で費用分配*		

フィリピンの政権交代による税務行政の異同
～経済振興重視の統制へ

　毎年2月25日は，マルコス独裁政権を打ち破ったエドサ人民革命の祝日です。フィリピンではマルコス時代の長期独裁経験を繰り返さないよう，大統領の任期は1期6年のみとし，重任は禁止されています。大統領が代わると，その意向を反映すべく，閣僚や局長クラスだけでなく，課長レベルの官僚まで交代となることがあります。

● 新政権の経済政策

　ドゥテルテ大統領は犯罪や不正の撲滅を自分の主たる任務としつつ，民間ビジネスマン出身のドミンゲス氏を財務大臣に任命し，経済運営を委任しています。財務大臣をトップとする経済チームは，今までの政権のマクロ経済政策を継続してフィリピンの国際競争力をさらに高めるとともに，インフラへの政府支出をGDPの5％に高めるべく，その財源として制度的な税制改革と効率的な徴税を行うことを経済政策の柱としました。

● ビジネスを理解した歳入行政

　こうした方針のもと，内国歳入庁でも，日系企業の税務実務に大変詳しい税務弁護士が法務担当副長官に任命されました。同弁護士は，民間事業を伸ばしながら税収を上げるべく，民間との対話を繰り返しながら，矢継ぎ早に通達類の改定・発行を進めています。

　内国歳入局の2017年優先計画では「納税者満足度の改善」のための13項目，「税務行政の信頼回復」に5項目が挙がる中，APAガイドラインの発行等は姿を消しています。経済振興重視の新政権下，移転価格税制の本格的稼働は，現在の税制改正が一段落してからの対応となりそうです。

A：ドゥテルテ政権の主要経済10項目

① 財務・金融・貿易政策を含む現行のマクロ経済政策継続
② 制度的税制改正とより効率的な徴税，インフレ率を反映した税制導入
③ 競争力強化と事業容易化
④ インフラへの支出強化（GDPの5％），PPPの活用
⑤ 農業・地方企業の生産性向上および農村観光の振興に向けた農村開発および付加価値連関
⑥ 投資促進のための土地所有制度強化と不動産管理・登記関連省庁の改善
⑦ 人的資本開発投資（社会保険，教育，産業人材育成）
⑧ 自律的・包括的開発へのイノベーションと創造性強化のための科学，技術，芸術の促進
⑨ 社会保障制度の改善（条件付き現金移転制度を含む）
⑩ 家族計画の促進

B：税制改正法案第1パッケージの特徴（2016年9月国会提出）

【目的】ミドルクラス以下の税負担軽減とインフラ財源確保の両立

① 国民の99％の個人所得税最高税率を32％から25％に減税
（最高税率は35％にアップ）
② 贈与税・相続税は30％から6％に大幅減税
③ VAT非課税項目を縮小し，食料，教育，医療等に限定
④ 石油製品・自動車に対する物品税の増税

ベトナムの移転価格税制の概要
～関連者の範囲が広いのが特徴

● ベトナムの移転価格の経緯

　ベトナムの移転価格は2005年12月施行の通達Circular117/2005/TT-BTCが始まりとなります。ここでは基本的な事項は定められていたものの，実務的には機能していない状況にありました。その後，企業法，投資法，税法の改正などによる状況の変化に対応するため，2010年4月に関連者間取引についてより詳細に規定された通達Circular66/2010/TT-BTCが施行されました。施行当初はこちらも実務的には機能しないことが予測されていましたが，国家活動方針を示したDecision1250/QD-BTCが2012年に発行され，移転価格に対する具体的な取組みが明記されたため，2015年後半あたりから移転価格の調査も本格化されています。2017年には指針Decree20/2017/ND-CPが発行され，さらに移転価格に関する取組みが本格化されることが予想されます。

● 関連者の定義，適正価格および提出期限

　ベトナムの移転価格の特徴的な点として，関連者の定義が広い点が挙げられます。資本金の25％相当額以上かつ中長期借入額の50％相当額超の資金貸付け，経営決定権などの実質基準だけでなく，持分基準が25％以上の直接，間接の資本出資関係と条件が厳しく，さらに国外だけでなく，国内取引も移転価格の対象になります。

　移転価格文書はベトナム語で作成し，内容は関連者，関連者間取引，取引価格決定方法など一般的なもので，税務当局からの要求から15営業日（調査前の書面での要求の場合，30営業日以内かつ15日間の延長が一度だけ可）以内に提出が求められます。適正価格の算定方法についても，特殊なものはなく，独立価格比準法，再販売価格基準法，原価基準法，利益分割法，利益比較法から最も適切な方法を選択することとされています。また，移転価格文書の提出を求められたにもかかわらず，提出できない場合は，税務当局による推定課税が認められています。

Decision1250/QD-BTCの主な内容

　Decision1250/QD-BTCは2012年から2015年までの間に行うべき移転価格に関するアクションプログラムを明記しており、以下に主なものの概要および成果を記します。

概　　要	成果（2017年5月現在）
移転価格に関する規則の修正および関連会社間取引の管理に関する法令や新規則の新設	2017年2月にDecree20の発行
移転価格リスクの高い業種での独立企業の利益率や、税務署による移転価格分析・修正の基礎となる製品やサービスの市場価格のデータベース構築を近隣国の価格を参考にしつつ強化	経済協力開発機構（OECD）や諸外国の税務当局と連携し、ベトナムから職員を派遣、もしくは他国の専門家が教育目的でベトナムに来訪している
移転価格の国際実務およびベトナムにおける移転価格税務調査の実務経験を基にした、税務署員向けの移転価格に関するマニュアルの作成	
中央、地方レベルの税務署員向けの、移転価格に関する包括的なトレーニングの実施	
移転価格の国際実務および移転価格税務調査の経験に重点を置き、他国との連携を高め、税務署員の移転価格管理能力向上のための国際関連機関との共同プロジェクトの実施	
ベトナム企業が採用している一般的な移転価格の方法の認識、調査、現段階での移転価格管理の結果の評価、および向上が必要な分野の明確化	税務調査により情報収集をしている
移転価格に関する税務調査の強化。移転価格に関する税務調査が通常の税務調査全体のうち最低でも20％を占めるような計画の実施	20％までは至っていないが、年々増加している
企業、税務署員および関連の行政管理機関の順守意識を高めるために、メディアを通じた移転価格税制に関する宣伝や普及、教育プログラムの開発	普及活動は継続して行われている
ベトナム企業の移転価格税制違反行為に対し効果的に税務調査をするために、中央、地方の連携を強化	まだ連携には至っていない

ベトナムの移転価格税制の執行状況
～中小企業を含めて広く調査を実施

● 全体的な執行状況

71項でも触れたように，移転価格に関する国の対応も活発化しており，大手企業は外国資本，国内資本を問わず税務調査で追徴課税を指摘されています。また，2015年よりハノイ税務総局，ハノイ税務局，ホーチミン税務局，ビンズン税務局，ドンナイ税務局の5拠点に移転価格専門部隊を配置し，税務調査の強化を図っています。

実際，2014年は移転価格調査件数は3,661件であったのに対して2015年は4,751件と約1.3倍に増加しています。一方で，追徴税については，税収入全体では微増しているのに対して，移転価格に関する追徴税は2,045十億VND（約102億円）から1,062十億VND（約53億円）と減少しています。これは大企業だけでなく，中小企業を含めた多くの企業に広く調査を行い追徴していくという傾向の表れと考えられます。

● 個別の調査指摘事例と今後の展望

ベトナム国内で報道されている事例では，大手外資系スーパーや国内大手飲料会社などに対して，数十億円単位での移転価格に関する追徴課税がなされているとのことです。一方で，日系企業に対しては，比較的移転価格の指摘事例は少なく，赤字が続いているが事業の拡張をしている，実態の説明が難しいロイヤルティが発生している，文書が作成されていない，といった移転価格操作を疑われる要因がある場合に，移転価格，もしくは関連者寄附金として指摘される程度にとどまっています。

現状は上記のような会社で，かつ工業団地内に入居する製造業が調査対象とされていますが，2017年にDecree20が発行されたこともあり，今後はさらに調査件数を増やすべく，製造業のみではなく，ハノイ，ホーチミン市内の販売会社，IT会社，サービス会社までその対象範囲は拡大するものと考えられます。

2013年から2015年の税務調査執行状況

	単 位	2013年12月期	2014年12月期	2015年12月期
法人調査件数	社数	64,119	67,053	79,297
うち移転価格調査件数	社数	2,110	3,661	4,751
税務調査追徴税額	十億VND	13,657	12,224	12,350
うち移転価格調査分	十億VND	988	2,045	1,062

（参考：財務省発表，新聞報道等）

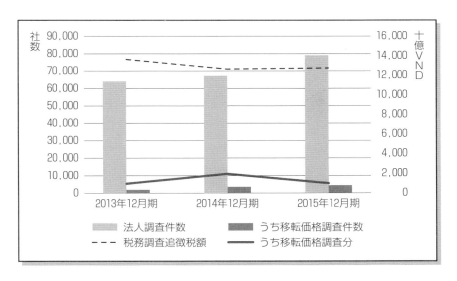

75 ベトナムの移転価格に関する新指針
～2017年2月24日付 Decree20/2017/ND-CP

　ベトナム政府は移転価格に関する新たな指針となるDecree20/2017/ND-CPを2017年2月24日付で発行しました。主な内容は以下のとおりとなり、2017年5月1日より適用とされています。

　①関連者定義の変更、②関連者取引の定義の明確化、判断基準を形式重視から実態重視へ、③借入利息損金算入限度額の設定、④書類作成の免除規定追加、⑤新しい移転価格関連フォームの設定、⑥提出期限の設定

　このうち影響の大きいものとして①、④、⑤（右図参照）、⑥を紹介します。

● 関連者定義の変更

　直接、間接出資比率が20％以上の関係から25％以上の関係に引き上げられ、50％以上の販売、仕入関係が削除されました。

● 書類作成の免除規定の新設（以下のいずれかの条件を満たす場合）
- 会計年度における納税者の総売上が50十億VND未満、かつ関連者取引の総金額は30十億VND未満であること
- 税務局と移転価格事前確認の合意書（以下「APA」）を締結し、APAに関する法規定に従う年次報告書をすでに提出していること
- 納税者の事業内容が単純（在庫品のリスクおよび市場のリスクを負わず、無形資産に関する経費、売上が発生しない製造・加工・販売）であり、売上が200十億VND未満、かつ、借入利息および税引前利益の合計/売上の割合が販売事業の場合は5％以上、製造事業の場合は10％以上、加工事業の割合は15％以上であること

● 提出期限の変更

　移転価格文書の作成は、法人税の確定申告書の提出前までに作成しなければならないとされ、税務調査において要求された場合は要求から15営業日以内、それ以外の場合は、要求から30営業日以内（1回限り15営

新しい移転価格に関するフォームの設定

　関連者間取引について，Decree20により法人税の確定申告時に2017年５月以降は既存の関連者間取引の記載を求められていたForm03のみではなく，以下の４つのフォームが求められることになります。

	記載内容	詳　細
Form 01	関連者との関係および関連者間取引についての情報	旧法のForm03でも求められていた関連者の情報をセクション１．に記載します。 加えて，関連者間取引の相手先がベトナムの法人税が課されており，納税者，取引相手先共に税制優遇を受けていない場合はセクション２．にその旨を記載し，下記セクション３，４については記載が免除されます。該当しない場合は下記についても記載が求められます。 セクション３． PE（恒久的施設），APA（事前確認制度）に関する記載。 セクション４． ①製造業，貿易業，サービス業，②銀行業，貸金業，③証券業，資産運用業と３つの業界に分類したうえで，記載内容は異なりますが，関連者，非関連者に区分した損益情報を記載。
Form 02	ローカルファイル作成のための必要情報	納税者の組織情報，事業内容，競合先，財務情報，損失が続いた場合はその原因説明，および関連者取引に関する取引内容，関連者との関係，機能リスク分析など。 書類作成が免除される場合，当該フォームも免除されます。
Form 03	マスターファイル作成のための必要情報	所属グループの組織情報，事業内容，無形資産，金融活動，業績など。 書類作成が免除される場合，当該フォームも免除されます。
Form 04	国別報告書の公表	最終的な親会社が国別報告書を作成しており，連結売上高が18兆VND超の場合，当該国別報告書もしくは同等内容を記載したForm04を提出することになります。

業日の延長が認められます）に提出が求められます。

マレーシアの移転価格税制の概要
～移転価格ガイドラインにより文書化について明確化

マレーシアでは「1967年制定所得税法」セクション140（その後セクション140A）を根拠として移転価格税制が導入され，2012年5月に公布（2009年1月1日に遡って施行）された"Income Tax (Transfer Pricing) Rules 2012"および"Income Tax (Advance Pricing Arrangement) Rules 2012"を基礎とする制度の運用が行われています。その内容については2003年に公表された移転価格ガイドラインが2012年の改訂を経て具体的な考え方や文書化すべき資料の明確化などの指針を示しています（以下これら法令などを総称して「本法令等」とします）。なお，このガイドラインは基本的にOECDガイドラインと整合する内容となっています。

● 移転価格税制の適用範囲

本法令等は関連者間取引（関連者は直接・間接の支配の有無により判定）に適用されます（国内・国外取引を含む）。国内取引の例としては，マレーシア国内で税務優遇措置を受けている関連者との取引があります。

● 適用企業となった場合の対応

本法令等では移転価格の文書化義務が規定されていますので，適用対象となる企業においては移転価格文書の作成および保管が必要となります。

作成した移転価格文書のMalaysia Inland Revenue Board（以下MIRB）への年次提出義務はありませんが，MIRBの要請を受けた場合には30日以内に提出する必要があります。

● 適用企業への罰則

移転価格文書作成義務を履行していない場合，移転価格に基づく税務調査に起因して生じる追加納税額に対し以下のペナルティが生じます。

- 文書作成していない場合　　　　　　　　　　　　　　35％
- 文書作成しているが法令等の要求を満たしていない場合　25％
- 一部作成義務のある企業が未作成の場合　　　　　　　25％

第5章　外国の移転価格税制事情　*161*

A：適用範囲の検討

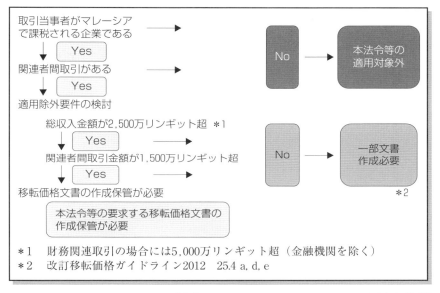

（出典：Transfer Pricing Guidelines 2012より作成）

B：企業の対応と罰則

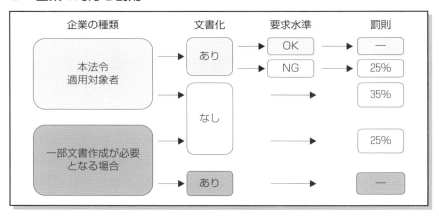

マレーシアの移転価格税制の執行状況
～移転価格に係る情報開示と税務当局による情報収集手続

　2012年に移転価格文書作成の必要性が明確となったことで，マレーシアに進出している多くの企業が文書化対応を進めています。では，マレーシアの税務当局は提出義務のない本法令等の遵守状況をどのように把握しているのでしょうか。この点について，年次報告書の活用や情報収集のためのFormの利用を促進しています。把握方法は，企業側に課せられた情報開示と，税務当局による追加情報収集手続になります。

● 年次申告書内の関連者間取引の開示
　年次申告書である"Form C"において，関連者との取引についての詳細情報を記載するとともに，移転価格文書作成の有無についてのYes/Noによる回答が求められています。

● Form MNE（Malaysian Multinational Enterprises）の活用
　国外関連者との取引や事業内容の正確な把握を目的として2011年より税務当局の選定により，Form MNEを多国籍企業宛に送付し，年次報告書では把握できない詳細な情報収集をしています。

● 税務調査による情報収集
　日本と同様にマレーシアにおいても税務調査が実施されています。一般的には調査対象企業から提出を受けた資料について調査手続を実施する"Desktop Audit"を実施したうえ，必要がある場合には"Field Audit"として調査官による対象企業への調査が実施されます。移転価格文書の内容や関連者間取引の実態も，この過程で調査されることとなります。

● 税務調査を支える体制
　移転価格税制の運用に伴いIRBM内に多国籍税務部が設置され，2012年には税務調査機能強化のため賦課・調査部署へ人員増加の配置転換が行われています。この多国籍税務部が移転価格に関する税務調査の実施機能を担っています。

第5章 外国の移転価格税制事情　163

A：情報収集手続

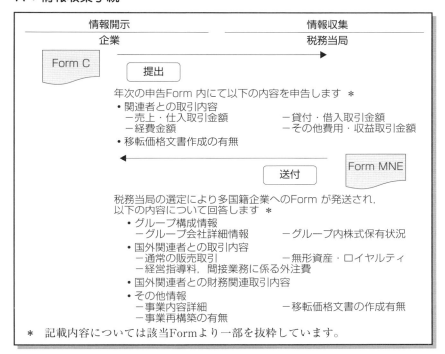

B：MIRB組織図

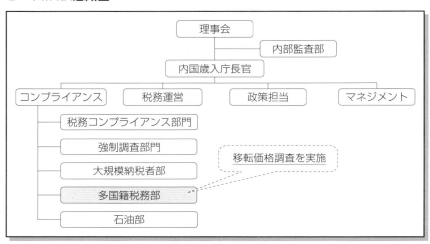

78 マレーシアでの制度対応
～突然の制度変更で慌てないために

　マレーシアに限らず海外進出国での事業活動には多くの困難が伴います。その中の1つに，現地国での税制を含む各種法制度への対応の難しさがあるのではないでしょうか。例えばマレーシアでは，中央銀行の要請により2016年12月5日より新たな外貨規制が適用されました。また，2017年1月31日より2016年に公布されていた新会社法が順次施行されることになりました。突然のアナウンスにより法制度が変わると，外国企業である日系進出企業は詳細情報や一般的な対応方法がわからず慌ててしまいます。

　それではマレーシア企業はどうでしょうか。先ほどの外貨規制を例にとると，現地の会社も大慌てでした。一部分の抜粋になってしまいますが，新規制では輸出売上による外貨入金について，その25%超部分を外貨建てで継続保有する場合にはマレーシア中央銀行の許可が必要（許可を得ない場合は75%以上をリンギットへ換算する必要がある）という規制となっています。仕入・売上ともに外貨建てで事業をしている会社では，その影響が非常に大きなものとなります。

　そこで大慌てとなったわけですが，この際に外国企業である日系企業と現地企業との間に生じる違いは情報収集ネットワークの差だと思います。特に日本にいる管理部門の方は情報の入手先が限定されてしまう場合が多いため，現地情勢が正確に把握できない状況に陥ることがあるかと思います。

　このような状況に陥らないためにも複数の情報入手先を持つことが重要となります。具体的には，現地のサービス提供者である銀行，弁護士事務所，会計事務所などと気軽にコミュニケーションをとれる関係を構築しておくことが，緊急時の無用な混乱を回避することにつながります。また，新制度発表後には現地関係者も混乱しますので，複数の情報源から入手した情報をもとに落ち着いて検討できる体制作りを普段から意識

A：一般的な対応

B：慌てないための準備

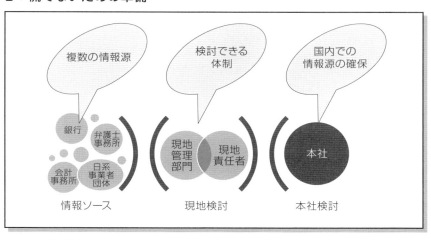

していると，何かの際に役に立つのではないかと思います。

中国国内の移動

　今や世界経済の中心国となり，歴史的観光地も多い中国。ビジネスや観光で彼の地を訪れた方も多いと思います。しかし中国国内移動には現地ならではの制度習慣があり，今後の旅のご参考になさってください。

■国内線（飛行機）

　日本と異なり，中国では国内線の搭乗にもパスポート（身分証明）が必要で，国際線のようなイミグレーションがあります。うっかり預け荷物にパスポートを入れてしまわないようにお気を付けください。

　また，稀に搭乗予定の航空便が突然キャンセル（中国語：注銷）されることがあります。これは搭乗率が低い便などを航空会社の都合により「勝手」に欠航するもので，搭乗までに一度は確認したほうが無難です。

■中国新幹線（中国語：高鉄，動車）

　中国の新幹線の路線は実はとても複雑です。これはいわゆる在来線にも新幹線が走っているからです。例えば上海－蘇州間では上海駅－蘇州駅（在来線），上海虹橋駅－蘇州北駅（高速専用線）にそれぞれ新幹線が走っています。いわば東京駅－大阪駅（東海道線）にも新幹線が走っているというところでしょうか。よって，予約・乗車にはある程度の地理感が求められます。

　また，チケットはネット予約もできますが，発券にはパスポートが必要なため，窓口で発券する必要（コピー可，代理人受領も可）があります。この際，窓口が混雑していることが多いので余裕をもって駅に行きましょう（ICタイプ身分証明がある中国人の場合，発券機での発券が可。また別料金で郵送手配も可）。

■タクシー（中国語：出租車）

　最近はスマホの予約アプリ（滴滴など）が発達しています。特に都市圏ではラッシュ時や雨天時のタクシー確保が非常に困難ですが，アプリ上では追加料金を払うから優先的に来てくれ，といった交渉もできるので，いざというときに助かります。ただし，迎車時に道に迷った運転手への電話誘導など，ある程度の中国語能力が要求されることもあります。

インドネシア（ジャカルタ）州知事選

　ジャカルタ州知事に現大統領のジョコウィドド（通称ジョコウィ）が就任してからジャカルタ行政への民衆の関心が一層高まっているように思います。ジョコウィは汚職からの決別と従来にはないユニークな政治手法を展開して話題を集めました。彼のトレードマークでもあるチェックのシャツを着て，市民生活の現場に飛び込んで直接民衆の声を聞いて問題を改善していくというスタンスで，市民目線の政治手法と高く評価を受けました。彼の右腕として大事な役割を担っていたのが副知事の中華系インドネシア人でキリスト教徒のバスキチャハヤプルナマ（通称アホック）でした。中華系インドネシア人は人口のわずか数パーセントにもかかわらず経済の90％以上を握っていることなどで，何かと槍玉に上がるのですが，彼が副知事を務めたということは従来の慣習から見ても画期的なことでした。アホックはジョコウィが大統領選に立候補することにより知事に昇格となり，ジョコウィの政治手法を踏襲して就任とともに矢継ぎ早にさまざまな目に見える政策実行をして評価を集めました。

　ジャカルタ州知事の総選挙がこの4月に行われ，決選投票の末，ジョコウィと大統領選で戦ったプラボウォが率いるグリンドラ党から前教育文化大臣だったアニスが次の知事に選ばれました。

　当初圧倒的な支持を得ていたアホックですが，イスラム教冒瀆発言事件（裁判にまで発展）などで支持率が急落したことなどが敗因といわれています。政治手腕では圧倒的な差を見せつけられていたわけですが，民族的問題，宗教的な問題はこれに勝るリーダーの重要な要件である，ということが民意によって示されたことになります。

　新しいリーダーのもと，ジャカルタがどのように変わっていくのか注目していきたいところです。

参 考 文 献

伊藤雄二・萩谷忠共著『図説　移転価格税制 Visual TP＜全訂版＞』（税務研究会出版局）

羽床正秀編著／古賀陽子・水野時孝・村松昌信共著『移転価格税制詳解＜平成27年版＞』（大蔵財務協会）

税理士法人トーマツ編『移転価格税制と税務マネジメント』（清文社）

藤森康一郎著『実務ガイダンス　移転価格税制＜第4版＞』（中央経済社）

角田伸広著『BEPSで変わる移転価格文書の作成実務』（中央経済社）

高木慎一著『移転価格文書の作成のしかた』（中央経済社）

『OECD移転価格ガイドライン＜2010年版＞』（社団法人日本租税研究協会）

永井宗比古著『関税対策ハンドブック』（中央経済社）

PwC税理士法人編『国際税ハンドブック＜第3版＞』（中央経済社）

望月文夫著『図解　国際税務＜平成28年版＞』（大蔵財務協会）

≪執筆者紹介≫

双木　希一（なみき　きいち）
朝日税理士法人顧問，双木移転価格事務所代表　税理士（日本）

山中　一郎（やまなか　いちろう）
朝日税理士法人代表社員　公認会計士・税理士（日本）

高尾　英一（たかお　えいいち）
朝日税理士法人シニアマネージャー　税理士（日本）

増田　耕一（ますだ　こういち）
朝日税理士法人マネージャー　公認会計士・税理士（日本）

宍戸　利依（ししど　りえ）
朝日税理士法人サブマネージャー

山本　孝幸（やまもと　たかゆき）
朝日税理士法人シニア

神野　真理（じんの　まり）
朝日税理士法人　公認会計士・税理士（日本），米国公認会計士

本木　善規（もとき　よしのり）
EOS ACCOUNTANTS LLP（EOS会計事務所）シカゴ事務所プリンシパル，米国公認会計士

西村　東陽（にしむら　とうよう）
フランカス｜公認会計士・税理士・弁護士事務所パートナー　ドイツ公認会計士

金本　勲相（かなもと　いさみ）
ジャパン・ビジネス・アシュアランス株式会社ディレクター　公認会計士（日本）

朴　美香（ぱく　みひゃん）
スターシア国際会計事務所パートナー　公認会計士（韓国）

岡本　芳郎（おかもと　よしろう）
PT. Asahi Networks Indonesia代表取締役　公認会計士（日本）

小松　英生（こまつ　ひでき）
Asahi Networks (Thailand) Co., Ltd.代表取締役　税理士（日本）

坂本　直弥（さかもと　なおや）
Asahi Networks Phils Inc.代表取締役社長　公認会計士（日本）

福本　直樹（ふくもと　なおき）
I-GLOCAL Co., LTD.ハノイ事務所代表　税理士（日本）

丹野　崇史（たんの　たかふみ）
株式会社アル・スール　公認会計士・税理士（日本）

注意（または免責）事項

本書は，執筆時点の情報に基づくものであり，その内容の正確性につき万全を期しておりますが，一般的なガイダンスとして提供することを目的とするものであって，個別の案件に関して専門的アドバイスを提供するものではありません。税法の適用および効果は，固有の事実関係によって大きく異なる可能性がありますので，個別の事案につき意思決定の際は，公認会計士・税理士等の専門家にご相談することをお勧めします。

≪事務所紹介≫

■ 朝日税理士法人
〒102-0093
東京都千代田区平河町二丁目7番4号　砂防会館別館A5階
TEL　03-3556-6000
http://www.asahitax.jp
法人・個人顧客の特性を常に考慮し，顧客ニーズを捉えた税務業務を手掛ける。特に法人税務おいては，得意とする国際税務業務をはじめとして，ベンチャー企業から上場会社までの幅広い業種・規模の企業や，社団法人，財団法人，宗教法人，NPO法人等といった非営利法人などさまざまな顧客を抱え，幅広い業務（税務顧問，税務申告書作成支援，税務相談，税制改正対応，事業承継，組織再編税務支援，海外進出支援等）を行っている。

■ 朝日ネットワークスグループ（海外拠点）
PT. Asahi Networks Indonesia（朝日ネットワークスインドネシア）
Alamanda Tower, 24th Floor Unit A Jl. T.B. Simatupang Kav, 23-24 Cilandak Barat Jakarta Selatan 12430, Indonesia
TEL　+62-21-2966-0111 / 0222
http://www.asahinetworks.com/indonesia
朝日税理士法人グループの海外拠点として設立。日系企業のインドネシア進出時のアドバイス，税務・会計サービスのほか，ビジネスコンサルティングサービスを幅広く提供している。

Asahi Networks（Thailand）Co., Ltd.（朝日ネットワークスタイランド）
287 Liberty Square Building, Room No.2004, 20th Floor, Silom Road, Silom, Bangrak, Bangkok 10500, Thailand
TEL　+66-2-631-2121
http://www.asahinetworks.com/thailand
朝日税理士法人グループの海外拠点として設立。日系企業のタイ進出時の法律問題，国際間取引における税務・会計に関する支援ならびに内部管理業務改善等のアドバイスを行っている。

Asahi Networks Phils Inc.（朝日ネットワークスフィリピン）
7th Floor Maripola Bldg. 109 Perea St., Legaspi Village, Makati City, Metro Manila 1229, Philippines
TEL　+63-2-856-0038
http://www.asahinetworks.com/philippines
朝日税理士法人グループの海外拠点として設立。日系企業のフィリピン進出時のアドバイスのほか，税務・会計サービスを提供している。アイキューブ・グループとの連携により，フィリピンでの経営に関わる人事と不動産について一

貫したサポートを提供している。

■ EOS ACCOUNTANTS LLP（EOS会計事務所）

Continental Plaza 10th Fl, 401 Hackensack Ave. Suite 1001, Hackensack, NJ 07601 U.S.A.
TEL　+1-201-836-3710
http://www.eosllp.com

1996年の設立以来，日系米国現地法人企業を中心に多国籍企業へのサービスを提供している。米国4大会計事務所の1つであるアーンスト・アンド・ヤング（Ernst & Young LLP）の日本企業部の一部が独立する形でニュージャージー州（本部）に設立され，現在全米に9拠点および日本に駐在員事務所を展開している。プロフェショナルの多くは4大会計事務所の出身者で，米国および国際会計・国際税務分野での豊富な経験を有しており，お客様のグローバルなニーズに合った，より確かなサービスをご提供している。

■ Frankus | Wirtschaftspruefer・Steuerberater・Rechtsanwaelte （フランカス | 公認会計士・税理士・弁護士事務所）

Steinstrasse 27, 40210 Duesseldorf, Germany
TEL: +49-211-8629-00-57
Mail: nihongo@frankus.com
http://www.frankus.com; http://www.yappango.com/support/frankus.html

ドイツのデュッセルドルフに拠点を構え，ドイツ全土にて日系企業の支援に特化している会計・税務・法律のプロ集団。会計サポート・税務アドバイス・法務サービス・監査業務と，日本企業がドイツで事業を展開するのに必要なあらゆるサービスをワンストップで提供している。2017年5月現在，日本人5名を含む約70名の専門職員（半数が公認会計士・税理士・弁護士の資格取得者）を擁し，日系企業クライアント数は150社。日系ビジネス責任者の西村は，ドイツ育ちのバイリンガルで，日本人初のドイツ公認会計士資格取得者である。

■ ジャパン・ビジネス・アシュアランス株式会社

〒102-0083
東京都千代田区麹町1-3　ニッセイ半蔵門ビル6階
TEL　03-3512-7707
http://www.jbagroup.co.jp

中国に進出する日本企業に対し，日中双方の会計税務，国際税務，移転価格，クロスボーダーM&A，組織再編サービスを提供する会計税務の専門家集団。中国上海にも拠点があり，日本・中国双方に会計税務専門家を配置し，さまざまなクライアントニーズにワンストップで対応している。

■ スターシア国際会計事務所
〒104-0043
東京都中央区湊3丁目9番1号　民衆堂ビル2階
TEL　03-5244-9471
http://www.starsia.co.jp
日系企業の韓国進出を支援する目的で2007年に日韓の公認会計士により設立された会計事務所系コンサルティング会社。新規進出の検討段階の相談から，実行段階，現地拠点設立後の会計税務顧問，M&Aにおける財務調査，内部監査，移転価格税制にも対応している。

■ I-GLOCAL Co., LTD.（ハノイ事務所）
Room 1206, 12th Floor, Indochina Plaza Ha Noi Tower, 241 Xuan Thuy Street, Cau Giay District., Ha Noi, Vietnam
TEL　+84-4-2220 0334
http://www.i-glocal.com
ハノイ・ホーチミンなどのベトナムやカンボジアに拠点をおいているコンサルティング会社。ベトナム初の日系会計事務所として創業した2003年より現在に至るまで，日本企業の「進出支援」から「進出後の会計・税務・人事労務・監査などの業務」をワンストップで提供している。

■ 株式会社アル・スール
〒231-0002
横浜市中区海岸通4-17
マレーシア・シンガポールにおいて現地専門家と協働により日系企業の現地進出から事業運営にかかる業務サポートを行うとともに，現地企業との提携や取引スキーム検討など国を跨ぐ取引について，日本および関係国におけるリスク検討を含む包括的な助言業務を提案している。

■ 双木移転価格事務所
〒101-0041
東京都千代田区神田須田町1-2　須田町四国ビル3階
TEL　03-5577-5912
http://namiki-office.com
移転価格サービスを専門とし，ご相談，ご依頼に対しサービスを行っている。代表税理士は，東京国税局，名古屋国税局，国税庁相互協議室において，約20年にわたり，さまざまな業界の移転価格の税務調査・事前確認（APA）の手続に携わった経験を持つ。移転価格税制のサポートを必要とされる企業に対して，当局側の目に立ってポイントを押さえ，実践的にして専門的，質の高いサービスを提供している。

図解　移転価格税制のしくみ
　日本の実務と主要9か国の概要

2017年8月1日　第1版第1刷発行
2020年3月15日　第1版第2刷発行

編　者　朝日税理士法人
発行者　山　本　　　継
発行所　㈱中央経済社
発売元　㈱中央経済グループ
　　　　パブリッシング

〒101-0051　東京都千代田区神田神保町1-31-2
　　　　　電　話　03(3293)3371（編集代表）
　　　　　　　　　03(3293)3381（営業代表）
　　　　　http://www.chuokeizai.co.jp/
　　　　　印刷／東光整版印刷㈱
　　　　　製本／㈲井上製本所

©2017
Printed in Japan

＊頁の「欠落」や「順序違い」などがありましたらお取り替え
　いたしますので発売元までご送付ください。（送料小社負担）

ISBN978-4-502-23431-6 C3034

JCOPY〈出版者著作権管理機構委託出版物〉本書を無断で複写複製（コピー）することは，
著作権法上の例外を除き，禁じられています。本書をコピーされる場合は事前に出版者著
作権管理機構（JCOPY）の許諾を受けてください。

JCOPY〈http://www.jcopy.or.jp　eメール：info@jcopy.or.jp〉